知·趣

史記八講

史杰鵬 著

浙江古籍出版社

图书在版编目(CIP)数据

史记八讲 / 史杰鹏著 . -- 杭州：浙江古籍出版社，2020.11

(知・趣丛书)

ISBN 978-7-5540-1789-0

Ⅰ．①史… Ⅱ．①史… Ⅲ．①中国历史－古代史－纪传体 ②《史记》－研究 Ⅳ．① K204.2

中国版本图书馆 CIP 数据核字（2020）第 162041 号

史记八讲

史杰鹏　著

出版发行　浙江古籍出版社

（杭州市体育场路 347 号）

网　　址　www.zjguji.com

责任编辑　沈宗宇

责任校对　吴颖胤

封面设计　吴思璐

责任印务　楼浩凯

照　　排　杭州时代出版服务有限公司

印　　刷　浙江海虹彩色印务有限公司

开　　本　787mm×1092mm　1/32

印　　张　7　　彩　　插　8

字　　数　134 千字

版　　次　2020 年 11 月第 1 版

印　　次　2020 年 11 月第 1 次印刷

书　　号　ISBN 978-7-5540-1789-0

定　　价　45.00 元

吴王夫差自作用鍦（旧释“鈼”），1983 年出土于湖北江陵马山，现藏于湖北省博物馆

专诸刺王僚，是《刺客列传》中最精彩的文字之一。吴王僚赴公子光的宴会，身边侍卫环绕，都持着长铍，虎视眈眈。“铍”是吴越地区特有的兵器，即一种很长的、两刃的，像剑一样的矛。这种矛，也叫“锬”或者“錟”，而吴人可能称它为“鍦”（铧）。

大盂鼎，1849 年出土于陕西郿县（今眉县），现藏于中国国家博物馆

“侠”是“夹”的同源字，而“夹”在金文和出土文献中经常被用作“辅助”的意思。如《大盂鼎》的铭文中有“盂，乃召夹死司戎”句，即用例之一。

〔清〕黄慎《商山四皓图》

刘邦晚年一度想废掉吕后所生的太子刘盈，改立戚夫人生的刘如意。吕后很害怕，用张良的计策“使人奉太子书，卑辞厚礼”迎请来商山四皓——东园公、绮里季、夏黄公、甪里先生。这四人原本都是因为刘邦没有德望，而不愿意为汉室效力的，现在竟然愿意为太子出山，可见太子“羽翮已就”，刘邦这才放弃了易储的念头。此次危机给了吕后很大的刺激。

〔宋〕佚名《汉文帝纳谏》（《却坐图》）

汉文帝是古代为数不多的几个贤明皇帝之一，他并不因为要维护统治，就对肉刑的残忍熟视无睹。仅此一项，他就足以彪炳青史。

署〔明〕仇英《汉宫春晓图》（局部）

汉武帝对女色的兴趣转移一定程度上左右了汉王朝的军事扩张行动。后世人普遍以为李夫人的裙带李广利远远不如卫皇后的裙带卫青、霍去病有能力，所以才屡战屡败。其实那只是因为汉武帝后期的国力已经不足以支撑频繁的大规模远征，李广利最后投降匈奴的原因也不是军事失利。

汉代墓室壁画《鸿门宴图》（局部），出土于河南洛阳老城西北 61 号墓，现藏于洛阳古墓博物馆

汉画像石《鸿门宴》拓片，原石出土于河南南阳市郊，现藏于南阳汉画馆

项庄几次想击杀刘邦，却发现项伯像鸟张翼一样，遮住了自己的视线和剑尖。

唐代敦煌壁画《张骞出使西域图》（局部），莫高窟第 323 窟

《史记 · 张仪列传》里讲："民之食大抵菽饭藿羹。"就是用豆子当饭，豆叶做汤。可见当时人的饮食是多么单调。今天我们日常所吃的水果、蔬菜，有很多是张骞通西域以来从外国传入的。

汉画像石拓片中的宴集场景，原石出土于四川成都

秦汉时代没有椅子，大家都是跪坐在席子上。跪的正确姿势，是屁股靠着脚跟，膝盖向前。如果跪而不靠，就叫长跪，也叫膝席，就是膝盖对着席子的意思。

战国赵“蔺”圆足布币

蔺是赵国有名的城市，后世出土的赵国布币，有不少是蔺地铸造的。蔺相如应是当地贵族的子弟。

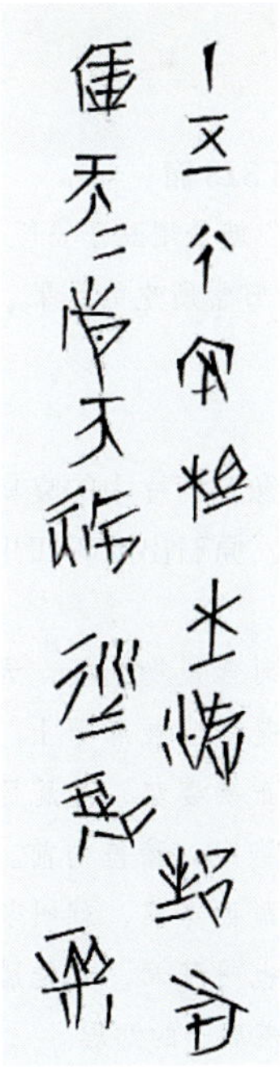

战国赵铜铍铭文摹本（释文：十五年，守相杢波、邦右／库工帀𨊠亥、治巡执齐）

从出土资料看，“廉颇”这个名字的本字为“埶波”，又省写作“杢波”。廉颇的出身，史书上没有记载。从他后来被迫流亡魏国、楚国，却念念不忘赵国看，他应该是赵国贵族出身。六国是贵族社会，当将军的，一般不会是出身平民。

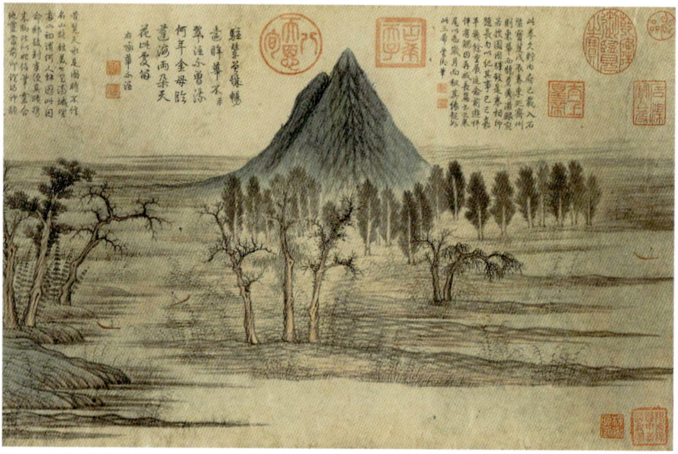

〔元〕赵孟頫《鹊华秋色图》（局部）

春秋时期的战争相对文明，主战者都是贵族，不同国家的贵族之间，往往有亲戚关系，所以比较彬彬有礼。获胜的一方上前捕捉敌方主帅，还要来一番外交辞令。《左传》中的鞌之战就是这样的例子。齐顷公被晋军追击，“三周华不注”，最后实在逃不掉，逢丑父冒充他被俘。晋将韩厥上前“再拜稽首，奉觞加璧”，说：“寡君使群臣为鲁卫请，曰：‘无令舆师陷入君地。’下臣不幸，属当戎行，无所逃隐。且惧奔辟而忝两君，臣辱戎士，敢告不敏，摄官承乏。”这种话语在战国以后的文字记载中就很少见了。

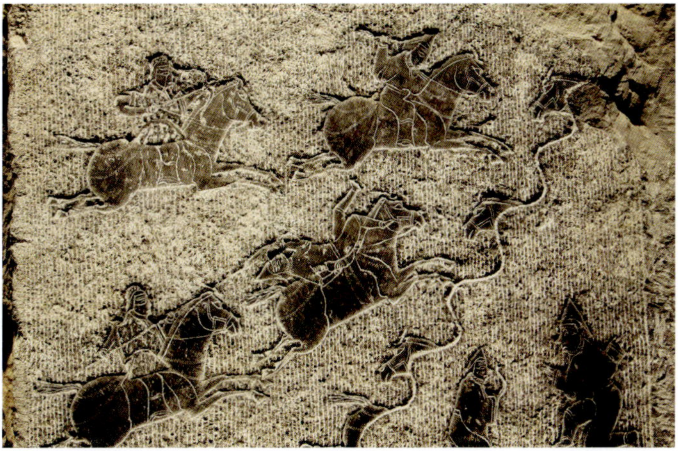

汉画像石中的胡汉交兵（出土于山东嘉祥）

打仗本身并没有什么稀奇的，实力之外，所谓的兵法阴谋，本质上就那么几招，就看应用得怎么样罢了。只要双方都不犯大错，要取得最后的胜利，还得靠国力。

旧传〔宋〕李公麟《前代君臣故事图》（局部）

郦食其初见刘邦时，刘邦正“倨床使两女子洗足”，郦食其“长揖不拜”，说：“必聚徒合义兵诛无道秦，不宜倨见长者。”刘邦闻言立即起身行礼，并请他上座。但郦食其本质上并非纵横家，而是儒家知识分子，曾经建议刘邦恢复分封制，可见非常迂腐。

〔宋〕佚名《八相图·张良》

张良是刘邦阵营中最重要的谋士，能“运筹策帷帐之中，决胜千里外”。如果战争双方没有实力上的代际差异，则更擅长“庙算”者多半会赢。

〔清〕徐松《赤松黄石二仙图轴》

张良早年游历下邳，得一老人传授《太公兵法》，老人临别时说：“谷城山下黄石即我矣。”十三年后他跟随刘邦经过济北，果然在谷城山下见到了黄石。刘邦取得天下后，张良说，他之所以投身灭秦大业，是为了替祖国韩报仇，现在心愿已了，“愿弃人间事，欲从赤松子游”。后世传说黄石公和赤松子为同一人，但没有什么根据。

旧传〔明〕仇英《人物故事图·子路问津》

司马迁在鲁国参观过孔子的庙堂，亲眼目睹了其中展览的礼器。他明白了，主宰人类社会的，永远是思想、道德和人格，而不是刀兵。“古之富贵而名磨灭者不可胜数”，只有道德文章可以永存。这清晰的事实，深刻影响了青年司马迁的心灵。

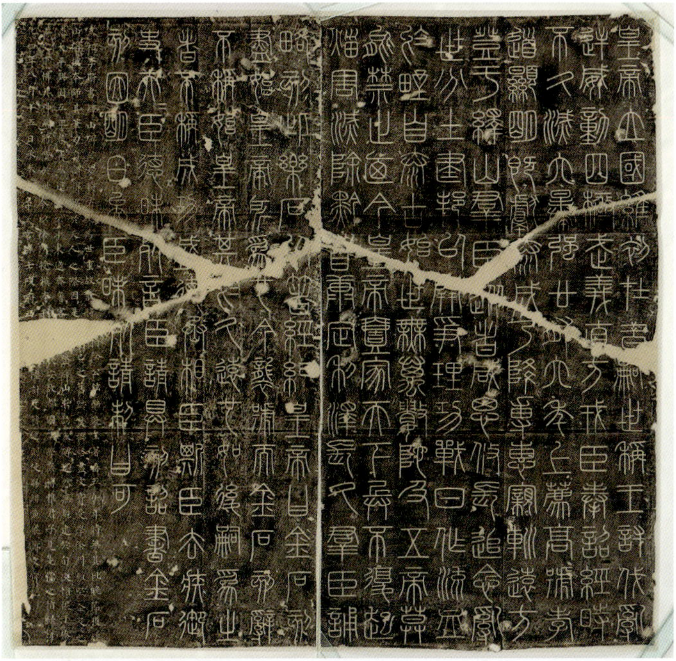

〔秦〕李斯《峄山碑》

秦国在扩张战争中，每征服一个地方，都有百姓逃往更远的东方，不想当秦国人，因为那很辛苦。但秦国自行新法以来，摧毁了贵族，一定程度上削平了贫富之差，并用严厉的社会控制手段造就了一个虚假的太平景象，也有一部分人喜欢这种社会状态。

〔明〕佚名《苏李泣别图》

苏武出使西域，被匈奴扣留。单于就叫李陵和另一个降将卫律去劝降，苏武坚决不答应。最后李陵哭着说："嗟夫！陵与卫律之罪上通于天。"其实李陵曾孤军奋战，对得起汉朝了。汉武帝因为几句谮言就杀了李陵全家，李陵当与他不共戴天才对。

〔明〕仇英《上林赋图卷》（局部）

汉武帝为了筹措军费，命令诸侯王朝觐聘享时必须用皮币做玉璧的铺垫。而这种皮币必须用上林苑中白鹿的皮制成，由皇家专卖，每张售价四十万，相当于四个中产之家的全部财产。这实际上是一种操纵货币的行为，意味着皇帝只要多杀一些上林苑中数量庞大的鹿，就可以占有别人的巨万家资。

前言

前年，网上有一些朋友，要求我开几门网课，他们愿意付费一听。要求最迫切的，是几位喜爱诗词的网友，因此，我就首先讲了二十次诗词课，后来应出版社要求，还把讲稿结集出版。讲完诗词课之后，网友又建议我讲点历史，比如《史记》方面的知识。但我觉得再讲二十次太累了，网友们也很难坚持听完，于是有位朋友结合网友的需求，帮我拟了八个题目，每周讲一次，每次一个题目，共讲了八周。讲稿整理后，取名“史记八讲”。蒙浙江古籍出版社的沈宗宇先生不弃，提议交他出版，于是我把讲稿又润色了一下。完成后发现字数略少，想起我在凤凰卫视欧美台，做过九期节目，讲述汉代的一些历史故事，就从存稿中选了两篇，连同我以前写的几篇读《史记》的札记，一并收入。增加的部分沈宗宇先生取名为“闰篇”，“闰”大概是取盈余的意思，如“闰月”为一年之盈余，也是很合适的。

我不是专门研究历史的，只是从青年时代开始，就一直爱读《史记》《汉书》，读过很多遍，但也不敢说很熟，所写的，只是些个人长年阅读的心得感想，自以为还算严谨，不是随口乱说。我一向喜欢随笔类的读史文章，不枯燥，娓娓道来，比起刻板的学术论文，更容易见出个人性情，普通读者读来也不累。而我自己也算是感性的人，因此就尝试一下。书中只有《“羹颉侯”是一个侮辱性的封号吗？》这篇，涉及音韵训诂，关乎我的本行，有些专业性；《游侠》篇中关于“侠”字的本义探讨，是我在东京大学东洋文字研究所做过的学术报告的一部分，也有些阅读门槛，当然原文探讨的范围更广，层次更深，在本书中，我已经尽量通俗化了。总之在不失学术性的前提下，我尽量写得通俗易懂，希望读者能够喜欢。如有不同意见，也请不吝指教。

最后再次感谢沈宗宇先生的盛情邀约和辛勤劳动，让这部讲稿得以成书面世。

史杰鹏

2020 年 8 月 18 日

目 录

第一讲 刺客列传

首先，我们解释一下“刺”和“客”两个字。

“刺”，《说文》：“君杀大夫曰刺。刺，直伤也。”“直伤”好理解，就是用锋利的东西直直插进去。但“君杀大夫曰刺”是什么意思呢？原来这是一个经学名词，在春秋时代，君主判处自己朝中大夫级别的贵族死刑，要用一个特定的名词：刺。为什么？按照《公羊传》的说法，君主杀自己的大臣，不是很光彩的事情，需要避讳，所以就用“刺”这个词，表示是偷偷做的，见不得人。

这当然是赋予了意识形态属性的说法。就本义来说，“刺”的初文写作“朿”，甲骨文像尖锐的芒刺的样子，所以古代“矛”的锋刃部分也叫“刺”。

古代有一种官，叫刺史，就是君王专门派到地方上监视太守、刺探情报的人。

至于“客”，和“各”是同源词，甲骨文的“各”字，像一只脚正要迈进屋子，所以古代人把从外面来的人称为

“客”。这不含褒贬，因为从外面来的人，有可能是主人邀请来的，就算不友好，也可提防。有一些不是主人邀请来的，就叫“不速之客”，大部分对主人不利。《周易》里说：“重门击柝，以待暴客。”就是说要加强巡逻，防止危及安全的客人闯入。而“刺客”的“客”，就是后一种“客”。

一个人为什么要当刺客呢？无非出于两种理由：

1. 为自己报仇。
2. 为别人报仇。

为自己报仇，好像算不得什么；为别人报仇，就有点雷锋的意思，大家本能地都会尊敬。但实际上，《刺客列传》里的刺客们，行为动机都没那么高尚，没一个算得上见义勇为的活雷锋，大部分都是为主人卖命。他们的身份，和《游侠列传》里的“游侠”，也没有很大区别。

早期的“侠”，其实就是贵族的打手，我们看张耳、刘邦这些人的经历就知道了，他们都是门客出身，在他们的心里，门客护主的行为就叫“任侠”。

公元前 260 年，秦国军队击败赵国，在长平活埋四十万赵卒，并乘胜追击，围住了赵国都城邯郸。赵国新丧失精壮四十万，没有招架之力，派使者向诸侯求救。魏信陵君的姐姐是赵国贵族平原君赵胜的夫人，他当然想救赵国，但魏王恐惧秦国，不敢。信陵君就想带着自己的三千门客去拼命。这种门客的作用，其实和“刺客”没有太大的差别。在《游侠列传》里，游侠郭解的门客也是这么做的，谁要是说郭解的坏话，他们就会主动为郭解杀了那人。可能有人会说，“刺”是一种隐秘的行为，而做游侠杀人，比较光明正大。其实也未必，很多侠客杀人，也是突然刺人家一刀就跑，还得官府到处寻找凶案线索，其实就是隐秘的刺杀。但司马迁为什么把他们分为两类呢？大概在他所处的时代，游侠和刺客已经有了区别。前者开始讲究杀人不求回报，带有半义务的性质；后者却总是受人特别委托的死士。前者是就其行事风格来归纳的，后者是就其具体行为来归纳的。但往上追溯，本质是一样的，两者当初都是有钱人豢养的打手。

《刺客列传》总共记载了五个人：曹沫、专诸、豫让、聂政、荆轲。除了曹沫可能属于贵族（其实也不一定，《左传》里写到曹沫，说他自认为非肉食者）之外，其他四个都是穷鬼。其实从严格意义上讲，曹沫不能算刺客，而是搞绑票的强盗，还是在光天化日之下、会盟的场合搞。如果他是刺客，那平原君的门客毛遂，也一定算刺客；“不辱使命”的唐雎，也摆脱不了刺客的嫌疑。因为他们都曾经想劫持对方君主。排除曹沫，四个真正的刺客，都是穷鬼，而有钱人是不会亲自去当刺客的，除非他有极强的理想主义精神和使命感。那些充当刺客的，都因为穷困无聊，被人收买利用，尽情享受一番荣华富贵，再咬着牙去赴死。

多年前看过莫言写的一个戏剧《荆轲刺秦王》，说荆轲不想立刻去刺杀秦王，反而希望秦朝赶快灭了燕国，一并天下，然后再去行刺这个统一帝国的主宰者。他的理由是，刺杀一个秦王，没有什么意思，但是刺杀了千古一帝，就可以留名千古了。应该说，这个脑洞开得不错，有些新鲜，但整个戏剧给我的印象并不好。有新鲜理念，不等于能创作出好的文学作品，如果无法在具体操作上说服读者，就会导致理念先行。再说刺杀秦王怎么就不伟大？这很可能造成秦国内乱，彻底阻断它统一天下的进程，甚至完全改变中国文明的走向。从这个意义上看，比刺杀一个冠上皇帝帽子的嬴政，意义更为深远。

下面我们来具体分析每个行刺事件的情况。

首先说专诸。《史记》对专诸的家庭背景没有任何介绍，只说他是堂邑（今南京六合一带）人，因为有暴力才能，被伍子胥看上。但《吴越春秋》里介绍比较多，说逃亡到吴国的楚国贵族伍子胥走在市井里，亲眼看见专诸跟人打架，几十个人都不是他的对手，然而听见老婆一声呼唤，他却赶紧乖乖地回家了。不过在我小时候看的连环画中，老婆被改成了老妈。不得不说，这是点金成铁。别小看这个修改，在后来，这成为中国人塑造英雄人物的惯用套路，当然也是官方故意引导下生成的意识形态模板。《水浒传》里的李逵，也很凶残，动不动就抡起板斧砍去，不分良莠，在母亲面前则无比乖顺。和专诸不同的是，他们对老婆的性命，都是在所不惜的。中国人重孝，有一本《孝经》。“孝”这个概念，西方人没有，我不知道它是怎么在东方生根的，大约还是出于权力掌控的需要。它告诫我们，不管你多么凶暴，心里都要有一个畏惧对象，否则社会就会乱套。西方人的心目中，有一个创造万物的上帝；古代中国人没有这一视角，也不追求太永恒的秩序，只需要保持现世安稳，那么“孝”就是一个能满足维持当下秩序要求的手段：在我治下，你们不要犯上作乱，否则就是害了爹妈。按理来说，我们必须追问，凭什么就不许犯上作乱？凭什么要求一点公平，就叫犯上作乱？你得给个更充分的理据。这点，古人没给出。而且普遍的贫穷，导致“孝”在大多数时期的底层社会中根本无法施行，不信你去翻阅历朝地方案卷，对父母不管不问甚至抛弃的事情数不胜数，官府也深知其故，只能睁一只眼闭一只眼。这已经足以让人对“孝”的神圣产生怀疑。另外，有一定思考能力的人还会想：假如我的爸爸是个王八蛋，我还必须孝敬他么？连大儒孔融都说，我做不到。可知“孝”这种意识形态的粗糙。但因为亲子之间的情感，符合大多数人的天性，所以两千多年来，“孝”的意识形态地位一直能勉强维持。

伍子胥因为父兄被杀，流亡到吴国，结识了专诸，知道了专诸的才能。后来他去见吴王僚，劝其伐楚，说了伐楚的种种好处。吴王僚想答应，但吴公子光从中作梗，说：“这是伍子胥想为自己报私仇，不是为了我们吴国的利益。”吴王僚于是打消了念头。后来伍子胥了解到公子光一直想杀吴王僚自立，决定讨好公子光，把专诸推荐过去。想等公子光事成，再游说公子光伐楚，那样希望更大。

公子光得到专诸，也很高兴，待以上客之礼。吴王僚十一年（前 516），传来消息，楚平王死了。这年春天，吴王僚想趁着楚国办国丧，发兵攻楚，遂派自己的两个弟弟公子盖馀和公子属庸率兵围住了楚国的灊邑。谁知楚国也不示弱，发兵迎击，抄了吴军的后路，导致吴军进退不得。于是公子光对专诸说：“机不可失，时不再来。吴国的王位按顺序本来应该传给我，我有理由拿回自己的东西。”专诸说：“确实是个好机会，王僚母老子弱，两个成年弟弟率兵在外，被楚国断了后路，内外交困，真是天助我也。”公子光顿首说：“事若成功，有我的富贵，就少不了你的。”

吴王僚十二年（前 515）四月丙子这天，公子光在自家地下室埋伏好甲士，然后置办酒席，请吴王僚赴宴。吴王僚答应了，但也有所警惕。饮酒到酣畅之时，公子光假装脚有毛病，借口离席，进入地下室，让专诸把匕首藏在烤鱼的肚子里，端上去，借机刺杀了吴王僚。公子光趁势令埋伏的甲士蜂拥而出，把吴王僚的人全部消灭，自立为王，改名阖闾。为了表彰专诸，封专诸的儿子为上卿。

专诸刺王僚的故事，是《刺客列传》中情节最精彩的，因为有悬念，有高潮，有细节，比如把剑藏在鱼肚子里，就匪夷所思。其他如对地下室埋伏士兵、吴王僚的护卫林立的描写，都生动紧张。最重要的是，专诸最后成功了。当然，还可以铺垫一下的，是吴王僚赴宴的合理性，他既然已经那么警惕，又何必去冒险呢？专诸这样的人，并没有什么正义感和是非感。公子光找他替自己卖命，他就答应了。假如是吴王僚首先找到他呢？他肯定也二话不说，为吴王僚卖命。尤其奇怪的是，伍子胥本来说动了吴王僚，吴王僚愿意发兵为他报仇，却被公子光从中作梗，说伍子胥不过是牺牲吴国将士，为自己家族报仇，为他发兵不值得，导致吴王僚打消了念头。作为一个正常人，伍子胥不是该劝吴王僚搞定公子光才对吗？谁知，他反而去帮公子光杀吴王僚，物色了刺客专诸。杀吴王难度显然大多了，也是不合情理的。所以作为一则小说来看，这个故事讲得并不那么成功。

不过故事的有些场面写得非常紧张。吴王僚答应了去赴公子光的宴会，从王宫门口就排列侍卫，一直列到公子光家门口，基本组成了一条人肉甬道，可见异常警惕，但也透出虚假。一个国君，倘若真对大臣如此戒备，根本就不可能到他家赴宴。何必呢？万一出事不划算啊。所以，真实的场景很可能非常简单：吴王僚对公子光很信任，基本没有戒备，就算有保镖，也不太多，才把命丢掉。

小说中写因为戒备森严，专诸只能将短剑藏在鱼腹中，亲自上菜，然后突然从鱼腹中抽出短剑，刺杀了吴王僚。过程真的很惊险，很小说。因为吴王僚身边侍卫环绕，都持着长铍，虎视眈眈，提防着任何一个潜在的刺客。“铍”（pī）是吴越地区特有的兵器，即一种很长的、两刃的，像剑一样的矛。我们知道，剑这种两刃的兵器，就是首先出现在吴越地区的，北方原先并没有。在字典中，“铍”还有一个义项，指一种针灸用的长针，针头扁扁的，两侧有刃如剑锋，专门用来刺裂痈疽的脓包，排出脓血。和作为矛的“铍”也有相似性，大约都是因此得名的。“铍”和“披”“破”是同源词，指可以“披开”或者说“破开”所刺入的物体。这种矛，也叫“锬”或者“錟”，而吴国人可能称它为“铧”，见20世纪80年代湖北江陵出土的“吴王夫差自作用鍦（铧）”（见本讲彩图）。“铧”本是一种犁，是用来“破”土的，和“铍”的特点有相似性，因此成了吴国人对“铍”的方言称呼。

专诸如愿刺死了吴王，但两边长铍刺出，使他顿时变成了一个漏血的肉袋。当然他也得到了回报：名垂青史。公子光即位后，还拜他的儿子为上卿。

第二个是豫让。豫让这个故事，也出现在《战国策·赵策》，内容和《史记》基本一致。落魄贵族豫让曾侍奉晋国上卿范氏和中行氏，无所成名，于是改事另一权臣智伯。智伯对他很宠幸。后来智伯联合韩、魏两权臣讨伐政治对手赵襄子，谁知韩、魏暗中勾结赵襄子，猝然发难，反而把智伯灭了。豫让逃跑，说："嗟乎！士为知己者死，女为说（通"悦"）己者容。今智伯知我，我必为报仇而死，以报智伯，则吾魂魄不愧矣。"

于是他改名换姓，装扮为工匠，混进赵襄子的宫中装修厕所，等待行刺机会，但被识破，坦然承认："我想为智伯报仇！"赵襄子说："义士啊，智伯已死，连个后代都没有，他这位臣下竟然想为他报仇，毫无所图，了不起。"下令将豫让释放。

豫让没有放弃，又给自己全身上漆，导致皮肤溃烂，结满了可怕的痂，像一个麻风病患者。还吞下木炭，让自己的声音变得沙哑，想让人认不出自己，然后去市场行乞。同床共枕的妻子路过他身边，竟然没有认出。有个朋友认出了，哭道："以你的才华，只要肯写一份投靠文书，侍奉赵襄子，赵襄子一定会对你宠幸有加，那时你想刺杀他，岂不易如反掌？弄成这样，鬼都不敢亲近，报仇更难啊。"豫让说："不行，我写了投靠文书臣事他，又去刺杀，这是极大的不忠啊。我也知道，要做成这件事，是非常难的！但我之所以坚持，就是想让天下不忠的臣子羞愧。"

但豫让最终还是失败了。赵襄子指责他说："你不是曾经侍奉范、中行氏吗？智伯把他们都灭了，没见你为他们报仇，反而投靠智伯。如今智伯死了，你为什么偏偏要为他报仇呢？”

《战国策·赵策一》中有这么一段描写：

> 豫让曰：“臣事范、中行氏，范、中行氏以众人遇臣，臣故众人报之；知伯以国士遇臣，臣故国士报之。”襄子乃喟然叹泣曰：“嗟乎，豫子！豫子之为知伯，名既成矣，寡人舍子，亦以足矣。子自为计，寡人不舍子。”使兵环之。豫让曰：“臣闻明主不掩人之义，忠臣不爱死以成名。君前已宽舍臣，天下莫不称君之贤。今日之事，臣故伏诛，然愿请君之衣而击之，虽死不恨。非所望也，敢布腹心。”于是襄子义之，乃使使者持衣与豫让。豫让拔剑三跃，呼天击之曰：“而可以报知伯矣。”遂伏剑而死。死之日，赵国之士闻之，皆为涕泣。

我还记得当初读到这段的时候，很有些心潮澎湃，最喜欢的句子是“襄子乃喟然叹泣曰：‘嗟乎，豫子！豫子之为知伯，名既成矣，寡人舍子，亦以足矣。子自为计，寡人不舍子。’使兵环之”。爱不释口，颇为慨叹战国时代那种慷慨激越的士人之风。在春秋时，士人固然也慷慨激越，但到底夹杂了许多迂腐的成分；而秦汉以后，这样的士人又都换了个名词，叫什么侠客或者义仆了。至于像赵襄子这样有性情的主君，也似乎前多后少，可见我们的祖先，的确是早期的更质朴，更富有血性。记得20世纪90年代，电视里播放连续剧《战国》，硬把豫让先生拍得婆婆妈妈，根本不像个刺客。甚至拍到荆轲刺秦王，临行向樊於期借头，樊於期竟吓得狂奔，好歹被荆轲追上，强迫借了头去。这简直是以小人之心度君子之腹。

总之豫让的行为，我觉得有贵族风范，不是普通的刺客可比。他是有价值观的。一般来说，做刺客的，都没有什么价值观，谁给钱就替谁卖命，在刺杀过程中，如果雇主突然死了，受雇的刺客还会不会继续完成交易，都很难说了。但是豫让不为钱，就为了自己的价值观，必须为主人报仇。日本有个故事，《四十七武士物语》，也是这样的。这样的人，中国后来还有，比如三国时期，吴郡太守许贡被军阀孙策杀死，许贡的三个门客，就想方设法刺杀了孙策。东汉末年的世风，因为儒家节义观的砥砺，竟恢复了先秦时的一点烈性。

而且，我觉得豫让最为高贵的一点，并不是他念念不忘要刺杀主君的仇人，而是他坚持要用高贵的手段。朋友劝他投靠赵襄子，得到重用后趁机刺杀。他不肯，说如果对方对自己充分信任，自己怎么还能去刺杀他呢？这不是混蛋吗！

三国时代，有个叫郭循的人，原先是魏国的将领，被蜀将姜维俘虏后，投降了蜀国，被蜀国拜为左将军。但他并不真心投降，而是想借机刺杀蜀主刘禅，只是一直没找到机会。后来蜀国大将军费祎在汉寿举办宴会，郭循在座，趁费袆欢饮沉醉，突然刺杀费袆。这做法就很不地道，和豫让相比，我认为郭循就是一个人渣。豫让的人格，甚至超越了日本四十七武士（见本讲附录），因为那些武士为了替主君报仇，也曾经把自己的妻子卖掉，把自己的妹妹送给仇人，以麻痹仇人。

豫让无疑是我这篇所说的四个刺客中，最伟大的一个。

第三个是聂政。

聂政是穷人，因为杀了人，躲避仇家，带着母亲和姐姐逃亡齐国，隐姓埋名，在市集上以屠宰为生，过了很久的安宁生活。卫国濮阳县有个人叫严仲子，曾侍奉韩哀侯，后来因为争权，与韩国丞相侠累产生了嫌隙。侠累是韩王的叔叔，势力很大，严仲子担心被杀，辞官逃亡，周游天下，寻找可以替自己报仇的人，听朋友推荐聂政，当即上门拜访，用一百斤黄金，给聂政母亲祝寿。聂政知道其用意，表示歉意："我之所以隐居在市井中做个屠夫，只是为了平安赡养母亲，老母活着一天，我聂政就一天不敢答应替人做什么。"严仲子表示，聂政不为自己做事也没关系，但聂政坚决推辞黄金，严仲子无奈，只好收起，还是尽到了宾主之礼，才告辞而去。

过了很久，聂政母亲去世。除去丧服之后，聂政感叹："我聂政不过是个市井屠夫，地位卑微，而严仲子则是诸侯国的上卿，不远千里来登门拜访我，我什么也没为他做，他就拿出一百斤黄金为我母亲祝寿，我虽然没要，但能看出，他是真的把我当成知己。如今老母已经去世，我再无牵累，可以为知己所用了。”

于是聂政离开家，去了濮阳，见到了严仲子，遵从其指示，去刺杀韩相侠累，竟然得手。侠累左右的护卫大乱，纷纷围上，聂政知道跑不脱，遂举剑割下自己的脸皮，又把自己的眼睛挖出来，最后切开腹部，死了。韩国政府下令，把聂政的尸体拉到市场上展览，悬黄金一千斤为赏格，征求刺客身份信息。

聂政的姐姐聂嫈听说了这事，立刻出发去了韩国，伏在尸体上嚎啕大哭，说：“这是我的弟弟聂政啊。严仲子慧眼识人，知道我弟弟卓尔不凡，倾身与他结交。面对这份厚意，我弟弟情愿为知己者死，他因为妾身尚在，完成任务之后，又自己割掉脸皮，剜去眼睛，以免被人认出。难道我可以因为怕被牵连处死，就眼睁睁让他的英名湮没吗！”

市场上的人听完这些话，无不惊讶佩服。聂嫈大呼苍天数次，悲痛难忍，猝然死在聂政尸体旁边。

聂政是个穷鬼，这不消说。严仲子一百斤黄金，立刻让他感动了。他说，严仲子那么大的官，竟然对我这么低贱的人青眼有加，我怎么报答呢？只能帮他杀人了。可见一个穷人的可悲可怜。他杀死了韩国的丞相，又把自己的面目毁了，幸好他姐姐觉得，既然死了就不该被埋没，才让他得以留名青史。

我个人并不敬佩聂政，因为严仲子对他并没有那么好，功利性也太强，而韩国丞相侠累也没有对严仲子多坏，严仲子想干掉侠累，不过争权夺利而已。聂政刺杀侠累，既然缺乏正义性，也就不具备足够的悲壮感，作为一则小说来阅读，读者也很难感到满意。因此，在我眼中，聂政就好像一个牵线木偶、一个纯粹的杀人工具。他早年本来也是杀了人，才逃到齐国去的。我小时候看的连环画，故意把侠累塑造成极坏的人，以增加聂政刺杀的正义性，这大概是郭沫若的路数。

好在《史记》里，给聂政安排了一个姐姐出场，用他姐姐的一番话，加重了故事的悲壮色彩。我想一般人看完这个故事，对聂嫈的印象会比对聂政更深刻，因为聂嫈更像一个活生生的人，而不是一件被人使用的工具。如果她弟弟出发前，把计划告诉她，她肯定会劝弟弟别那么干；但既然已经干了，就别白白地干。雁过留声，人死留名，不能流芳千古，也要遗臭万年，在历史的刷卡机上刷一把存在感，这是穷人的悲哀。聂嫈这么一搞，严仲子必然暴露，她的做法等于告诉那些贵族：别他妈把我们当傻子，你们利用我们，我们也将计就计，利用你的资源，为我们自己增加粉丝。

整个故事的结局，大概是以严仲子被韩国政府派人绑架、处死而告终。

最后一个是荆轲。

荆轲的祖先相传姓庆，是齐国的贵族卿相，移民到卫国，被卫国人称为庆卿。这个名号一直世代相传，后来荆轲到了燕国，燕国人称他为荆卿。“荆”是“庆”的方音变化。荆轲自小喜欢读书击剑，不想务农，曾经想就近游说卫元君，弄点富贵，但卫元君瞧他不上。卫国是魏国的属国，只拥有濮阳一个城池，后来秦国攻占濮阳，把卫元君及其亲属迁徙到野王县。荆轲干脆离开卫国，四处云游，寻找富贵机会。

他有一次路过榆次，和当地剑客盖聂讨论剑术，发生了争执，盖聂大怒，怒目而视，荆轲赶紧跑掉了。跑到了邯郸，和一个叫鲁句践的人下六博棋，又发生争执，鲁句践大怒，叱责荆轲，荆轲默然不敢回嘴，又趁夜跑了。这回到了燕国，和燕国市集上一个杀狗卖肉的高渐离相好。他很嗜酒，性格深沉，还喜欢读书，每到一个国家，都和当地贤士豪强以及长者结交。在燕国，隐士田光也对他很好，知道他是个死士。

不久之后，燕太子丹从做人质的秦国逃了回来。秦国经常出兵攻打齐、楚、三晋，蚕食诸侯国土，很快逼近燕国。太子丹坐卧不宁，问自己的太傅鞠武怎么办。鞠武说秦国太强大，不要惹怒它。太子丹不服。过了一段时间，秦将樊於期因为得罪了秦王，逃到燕国，投奔太子丹。鞠武也劝太子丹不要收留，以免得罪秦王。太子丹不听，想派刺客刺杀秦王，鞠武只好向他推荐田光。田光又推荐荆轲，之后为了不泄密，自刎而死。

后来秦将王翦攻破赵国，俘虏了赵王，并继续进兵，行至燕国南界。太子丹很恐惧，要荆轲赶紧动手。荆轲就私下去见樊於期，要其自杀，献上首级，好让自己提着他的首级去见秦王，以博取秦王信任，获得刺杀机会。

太子丹为荆轲准备行装，并配备了一位副手，叫秦舞阳。秦舞阳是燕国人，十三岁就曾杀人，非常凶悍，没有人敢跟他对视。到了秦国，秦王大喜，召见荆轲。荆轲捧着装有樊於期头颅的木盒和燕国进献国土的地图献上。地图缓缓展开，到了尽头，里面突然露出一把匕首。秦王发觉时，匕首已经被荆轲攥在手中。秦王慌忙躲避，躲过了一击，站起来绕着柱子逃命，经过一番折腾，秦王拔剑将荆轲斫伤，刺杀失败。

后世关于荆轲的文艺作品非常多，前面我们就提到过莫言的戏剧。这些文艺作品不乏把荆轲塑造成胆小鬼的。我小时候看的连环画中，荆轲倒不胆小，但獐头鼠目，完全是个窝囊废，主要原因是那时崇尚法家，荆轲自然首当其冲，成为阻挡历史车轮的螳螂。

其实依我看，荆轲也没有什么正义性，不过是太子丹给他金钱美女享受，希望他替自己卖命。荆轲的办法，倒也中规中矩，除了向樊於期借了一个头，没有伤害任何人的利益。只是他自己体力太差，技术太弱，竟然没成功。他死之前自嘲："我没能杀了你，主要是因为想生擒你，逼你把抢夺我们的土地吐出来。"这肯定是说大话。那可是战国末期，礼崩乐坏，列国已经没有一个说话算话的，秦国是最野蛮的国家，更是许诺如放屁。荆轲就算逼得秦王答应归还燕国土地又如何，秦王不可以反悔吗？他什么时候说话算过数？当年楚怀王都被老秦王骗得自投罗网，最终死在秦国，诸侯们怎么还不长进？

不过荆轲故事里的田光值得注意，这类人，应该都是游侠一流，就因为太子丹一句怀疑他可能泄密的话，立刻自杀。我认为这不是贵族风范，而是老泼皮。贵族固然不容许别人怀疑，但可以通过实际行动去消除这种怀疑，不必自杀。在贵族眼里，人格是平等的，他们有自己的守则，破坏了守则，才会自杀。只有泼皮，不把任何人的性命当性命，才会对自己这样暴烈。信陵君窃虎符故事里的大梁夷门监侯生，也是如此，都是自我人格矮化后的流氓。刘邦小时候就想当这种人，所以他看见肯为主人死的贯高，是非常敬佩的。当然，这种讲信义的流氓，比后来那些不讲信义的流氓，又要强得多了。

附录：赤穗四十七武士

日本德川幕府中期，元禄十四年（1701）三月十一日，东山天皇从京都出发，巡幸江户。江户就是现在的东京，当时是德川幕府所在地。

临行之际，天皇派了使者去江户联络接待事宜。当时的德川幕府执政者是第五代将军德川纲吉，他下令让赤穗藩的藩主浅野长矩主管接待。

浅野是地方武士，对朝廷高级礼仪并不熟悉，因此，幕府专门派了吉良义央对浅野进行礼仪指导。吉良家自室町时代起，便是显赫的名门世家，精通礼仪。浅野时年三十五岁，性格刚直粗暴，他没有遵照传统规矩，给吉良相应的指导礼金，对天皇使者的接待费用也预算不多，导致吉良颇有不满。在仪式的最后一天，六十岁的吉良倚老卖老，言语傲慢，导致浅野盛怒，拔刀将吉良砍伤。

德川纲吉闻之，召集众人商讨处理意见。廷臣多认为双方都有责任，应遵循“喧哗两成败”的规则，同等处罚。但德川纲吉宠信吉良，独独判处浅野当日切腹，并没收浅野五万三千石地租和一所大宅院，解散赤穗藩。吉良义央则未受到追究。

大名被判即日切腹，在当时也是相当罕见的。诸多廷臣要求将军暂且宽贷，等慎重调查之后，再作处罚，但也有廷臣反对。将军纲吉对浅野的处罚如此之重而急迫，是因为想借机表达自己对天皇的忠心，避免仪式取消。

于是当天傍晚，浅野准备切腹，切腹之前，请求写信给家人，或留下遗书，皆被拒绝，于是写下绝命诗一首：“风吹花兮花惜春。我犹胜花兮，无计留春驻。”

他的遗骸被移往泉岳寺埋葬，家臣日夜兼程，飞奔赤穗藩报讯。藩中总管大石良雄召集家臣二百余人商议对策，决定向德川幕府请愿伸冤，可惜后来请愿失败，最后只能宣布解散藩士。于是，赤穗藩的藩士顿时成为了衣食无着的浪人。但有九十多位藩士不肯罢休，发誓为主君报仇，约占总人数的三分之一。

大石命令大家分赴各地隐藏，以待时机。于是他们有的开面馆，有的卖菜，有的开米店，刻意隐藏身份。大石良雄更是整日沉醉于风月场所，为的就是使吉良家放心。第二年春天，大石良雄召集这些藩士举行会议，决定启动复仇计划。他们每隔一段时间就聚集开会，有些誓约报仇的家臣已经有了安定的生活，决定退出，大石也不勉强，最后剩下四十七人，矢志不渝。

同年十一月，大石起草了复仇誓约书。十二月十四日夜，他率领着其他四十六位赤穗藩浪人武士（其中一人因行踪可疑，被巡徼扣留），分为几队，从不同方向潜入，迅速攻入吉良家内庭。吉良家武士发觉，拼死抵抗，但战斗力不佳，十九人被杀，二十多人重伤。吉良见势不妙，躲入堆放柴火的部屋中，仍被寻得，斩下首级。整个行动非常顺利，赤穗武士只有四人轻伤。

之后两位武士潜遁，其余四十五人举着吉良的首级，列队到泉岳寺，将其放置于浅野坟前献祭，也不逃走，等待幕府捕捉。

幕府非常震惊，对于如何处理，内部也产生了巨大分歧。有人认为，浅野浪人乃忠义之士，若严惩，世间再也不会有此忠义之举了。反对者则说，律法是天下之本，四十七武士虽有义举，但行私法，是藐视幕府、触犯法律，应该严惩。在讨论过程中，有“死罪”“流放”“监禁”“无罪释放”等意见。最终幕府决定严惩，命令四十五名武士切腹自尽，统一安葬于泉岳寺。

第二讲　游侠

讲到游侠，我们首先要解释这个词的意思。

“侠”这个字，因为金庸的小说而在中国妇孺皆知，可是它的原始意义，古往今来的学者，大多语焉不详，或者说认识不够深入，对相关问题没有全部理清。

我们先看《辞源》《汉语大字典》对“侠”字的解释。

《辞源》（商务印书馆，1988年版）：

侠，旧时指打抱不平、见义勇为的人。

《汉语大字典》中的“侠”有九个义项，其中前两个和《辞源》相似：

1. 侠义、见义勇为。《说文·人部》：“侠，俜也。”

2. 旧指抑强扶弱、见义勇为的人，侠客。《韩非子·五蠹》：“儒以文乱法，侠以武犯禁。”

意思差不多，但义项1既然引了《说文》“侠，俜也”之说，而《辞源》“俜”字下，并没有“侠义”“见义勇为”

之类的义项，那么，“侠”凭什么是“见义勇为”的意思呢？要知道，词义都是成系统的啊。而且按照司马迁的说法，古代有贵族之侠，也有布衣闾巷之侠，前者以战国四公子为代表，后者则见《游侠列传》。但问题就来了，战国四公子以招徕、豢养门客著称，何曾有过见义勇为？像信陵君盗窃虎符，救援赵国，只能算国家之间的力量博弈，和我们对“见义勇为”的理解恐怕有距离。我们平常说的见义勇为，指的是目睹暴徒对无辜群众施害，上前救助后者，但秦国和赵国，谁正义谁不正义，真不好说。所以，从这点来看，“侠”以“见义勇为”立论，是不确切的。

“侠”的最早用例，目前所知，是《韩非子》这部书。《汉语大字典》义项2所引《韩非子·五蠹》，原文接下去说：

而人主兼礼之，此所以乱也。夫离法者罪，而诸先生以文学取；犯禁者诛，而群侠以私剑养。故法之所非，君之所取；吏之所诛，上之所养也。

这段文字所说的“侠”，包含两个意思：

1.“侠”喜欢用“剑”，看来是喜欢舞刀弄棒的人，是武士。

2. 侠因为喜欢舞刀弄剑而被“养”，说明他们并不具备独立人格，大概等同于门客一类人物。这一点，对我们理解

“侠”的内涵很重要。

在《韩非子》里，还有几处提到侠：

1. 废敬上畏法之民，而养游侠私剑之属。（《五蠹》）

2. 国平养儒侠，难至用介士，所利非所用，所用非所利。（《五蠹》）

3. 儒侠毋军劳，显而荣者，则民不使，与象人同事也。（《显学》）

4. 弃官宠交谓之有侠……有侠者，官职旷也。（《八说》）

5. 人臣肆意陈欲曰侠，人主肆意陈欲曰乱，人臣轻上曰骄，人主轻下曰暴。（《八说》）

前三条把“侠”和“儒”并举，显然指人，而都提到或隐含有“养”义，说明他们并非靠独立劳动挣饭吃，而是被豢养的。这和我们从武侠小说中见识到的那些独立行侠仗义的英雄，有点对不上号。第四个例句说“弃官宠交谓之有侠”。秦汉时代的官吏，比较喜欢结交社会上有名气的豪杰。《汉书·游侠传》里说长安游侠萬章，做了京兆尹门下督，跟从京兆尹进宫。到了殿中，侍中诸侯贵人看见他，都像粉丝看见偶像，争先恐后上前作揖，没有一个搭理官高位重的京兆尹。京兆尹羞得满脸发烧，后来进宫，就再也不让萬章跟从。这还是元帝时候的事，可以想见，在先秦汉初，专制制度还没有那么成熟的时代，这种尊崇游侠的风气会更兴盛。韩非子对有侠气的官吏是恨之入骨的，因为这些人的存在和他的专制主义思想相悖。第五句“人臣肆意陈欲曰侠”，是说臣子无所顾忌地放纵自己的欲望，是一种“侠”的行为。结合《五蠹》中的“侠以武犯禁”，可知他把这种冒犯君主的行为，叫做“侠”。

总之，把“侠”的原始意义解释成行侠仗义的具有独立人格的人，是不对的。

那“侠”的内涵到底是什么？“游侠”和“侠”是否有区别？首先必须在词义上追根溯源，把它们弄清楚。

古注中其实有对“侠”的专门解释，汉魏的学者都不知所云，反倒是唐代的颜师古说到了点子上：

1.《史记·季布传》：“季布者，楚人也，为气任侠。”裴骃《集解》：“孟康曰：‘信交道曰任。’如淳曰：‘相与信为任，同是非为侠。所谓权行州里，力折公侯者也。’或曰：任，气力也；侠，甹也。”司马贞《索隐》：“任，而禁反；侠，音协。如淳曰‘相与为任，同是非为侠。权行州里，力折公侯者’，其说为近。甹，音普丁反，其义难喻。”

2.《汉书·季布传》：“季布，楚人也，为任侠有名。”颜师古注：“任谓任使其气力。侠之言挟也，以权力侠辅人也。”

如淳和孟康都是东汉末的人，《集解》引用如淳的说法，“同是非为侠”，可是为什么“同是非”就是“侠”呢？这种解释是不能让人惬心的。对一个古词义，我们不但要知其然，更要知其所以然，这样，我们读别人注释时，才能判断他们是对是错。死记硬背词义，永远也不可能真正掌握古汉语。很多先秦两汉古书的注释者，都是抄撮前人注释，不加辨别。这样的注释书，我一般是不会信任的。注释精确的古书，一定要符合这样的标准：能通透地解释古汉语词义，必要时还应当分析其得义的缘由。但很显然，“同是非为侠”，这样的解释不能满足我们的要求。《集解》引《说文》“侠，俜也”的说法，还说“其义难喻”，说明他们确实不知道“侠”的本义，对《说文》的训释，也无法理解。

《汉书》颜师古注对“侠”的解释，才算是说到了点子上。他说：“侠之言挟也，以权力侠辅人也。”把“侠”和“辅”联系在一起，可谓精确。因为“侠”的本义确实和“辅”相似。“侠”的声符是“夹”，作为文字学常识，古代同一声符的字，一般来说意思都有关联，这叫同源词。“夹”在金文和出土文献中经常被用为“辅助”的意思，比如：

1. 逨盘：丕显朕皇高祖单公，桓桓克明哲厥德，夹召文

王、武王……（见刘雨、严志斌《近出殷周金文集录二编》第3册，939号，中华书局，2010年）

2. 禹鼎：丕显桓桓皇祖穆公，克夹召先王奠四方。（见中国社会科学院考古研究所《殷周金文集成》（修订增补本），02833号，中华书局，2007年）

3. 师訇簋：汝乃圣祖考……用夹召厥辟。（同上，04342号）

4. 大盂鼎：盂，乃召夹死司戎。（同上，02837号）

5. 清华竹简《祭公》：克夹卲成、康。

上引五段出土文字资料中的“夹召”“召夹”“夹卲”，是并列式合成词，都是“辅助”的意思，主要指辅助君主，和现代汉语中的“介绍”是同源词。古代“介”和“夹”音近，“介”也有“辅助”的意思，日本武士常取名为“之介”，就是表示自己乃主君的“辅助”“保护”。在现代汉语中，“介绍”的意思已经变为使原本陌生的双方发生联系的“中介”，其实“中介”就是买卖的“辅助”，和“夹召”的意思是相关的。“介绍”，日语一般写作“绍介”，就和金文里“夹召”可写作“召夹”一样。鲁迅的文章一般用“绍介”，当是受日语的影响。总之，从“夹”声的字，也有不少和“夹辅”“旁侧”有关（夹辅，就是在旁侧护卫）：

1. 荚，《说文》：“豆实也。”即豆科植物的果实，由从中间裂开的果皮包裹若干粒种子构成。

2. 眏，《说文》："目旁毛也。"

3. 颊，《说文》："面旁也。"

4. 挟，《说文》："俾持也。""俾"就是旁边，"俾持"就是从旁边夹持。

5. 陜，《说文》："隘也。"即两边夹持的狭窄地域。

由此可以很明白地看出，"侠"，其实就是指在旁边护卫、帮助的人。《韩非子》中的"游侠"，就是贵族豢养的护卫自己的人，战国四大公子养的门客，莫不如此。刘邦的大哥张耳，早年在信陵君身边做门客，就是不折不扣的游侠。刘邦本人不事生产，从小向往游侠生活，因为当了游侠不但可以不下田劳动，还有人豢养，吃香喝辣，虽然要随时在旁边护卫主人，但有什么关系，比种田舒服多了。总之，"侠"的本义，就是"在旁帮助"，至于"同是非为侠"云云，都是后来发展出来的笼统训释。侠既有荫庇别人之义，也有辅助主人之义，视情况而定。

以上是对于"侠"的词义分析，从中可以看出历代学者对"侠"的界定大都是错的。据我所知，王夫之关于"侠"的看法，在学界比较有代表性，他在《读通鉴论》中说："游侠之兴也，上不能养民，而游侠养之也。秦灭王侯，奖货殖，民乍失侯王之主而无归，富而豪者起而邀之，而侠遂横于天下。”认为“侠”是平民中富有而喜欢救济穷人的人，是不计名利、见义勇为的活雷锋，而且认为侠最兴盛的时期是秦统一以后，这一观点是经不起推敲的。

钱穆在《释侠》中说：“史公特指孟尝、春申、平原、信陵为侠，至其所养，则不当获侠称，故曰‘匹夫之侠，湮没不见’。……故孟尝、春申、平原、信陵谓之卿相之侠，朱家、郭解之流谓之闾巷之侠、布衣之侠，知凡侠皆由所养，而所养者非侠。此义，又可征之于《淮南》之《泛论训》。其言曰：‘北楚有任侠者，其子孙数谏而止之，不听也。县有贼，大搜其庐，事果发觉。夜惊而走，追，道及之。其所施德者皆为之战，得免而遂反。语其子曰：汝数止吾为侠。今有难，果赖而免身。’此任侠为有所养之证也。至其所施德为之战者，则转不得侠称。”

钱穆指出，司马迁明确把战国四公子称为侠。众所周知，战国四公子，是喜欢养门客的。他认为养客的才可以称为“侠”，被养的则不能称为“侠”。我同意前半句，不同意后半句。那些门客，如果不称为侠，又称为什么呢？《游侠列传》里的重头人物郭解，他本身庇护过别人，但也被别人庇护过。其实不独他，甚至战国四公子，他们任侠的目的也不是学雷锋，而是养来用的。这些门客，都得帮助主人做事，为主人卖命。从本质上说，这也是一种“庇护”，只不过是向上的“庇护”罢了。《史记》里说刘邦差点被赵王张敖的门客贯高等人谋杀。刘邦问贯高是什么人，中大夫泄公说，是赵国有名的遵守诺言的义士。而重然诺的品质正是游侠所必须具备的。《史记》里还讲到项伯早年杀人，是张良庇护了他。后来他听说张良在刘邦军中，而项羽打算对刘邦动手，马上骑快马赶到刘邦军营，想把张良救走。这是游侠的典型做派。自来谈历史的人，喜欢说项伯无耻，其实不是这么回事，项伯这种做法，在当时是高风亮节的表现，刘邦也很敬重他，不是假情假意。当然，政治是不能这么玩的，一玩就要出局。项羽之所以没打过刘邦，有个原因就是他喜欢用旧交，以示知恩图报；刘邦开始可能也这样，后来果断抛弃这个原则，用了无耻的陈平和轻薄的韩信，所以他赢了。

当今学者在“侠”的问题上，更是众说纷纭，张未民说“侠”是出自春秋前的“武者使官”（见张未民《侠与中国文化的民间精神》，《文艺争鸣》1988 年第 4 期），引《说文》“侠，俜也”“俜，使也”等说为证，其实对《说文》的这两个训释根本没有弄懂，反而比前人退步了。章培恒说，“侠”的意思是发号施令，“游侠”就是交友圈中发号施令的人。［见章培恒《从游侠到武侠——中国侠文化的历史考察》，《复旦大学学报》（社会科学版）1994 年第 3 期］这些见识还比不上王夫之和钱穆，因为至少后两者看出来了，“侠”的特点就是“庇护”“帮助”，只是王夫之认为游侠皆为平民，钱穆认为游侠皆为王侯，都不够全面，我想原因就在于他们没有真正理解“侠”的本义。其实“侠，俜也”

（《说文》）的“僔”、“游侠”的“游”、“任侠”的“任”，据我的研究，本义都应该是“辅助”，和“侠”相同，但这个问题比较专业，这里就不展开说了。

侠客这个群体到底是怎么形成的呢？

司马迁说以前的布衣之侠，他不了解，所以从战国四君子讲起。其实以前到底有没有侠，还很值得探究。我个人认为，早先并没有侠这种东西。班固说得好：“古者天子建国，诸侯立家，自卿、大夫以至于庶人，各有等差，是以民服事其上，而下无觊觎。……百官有司奉法承令，以修所职，失职有诛，侵官有罚。夫然，故上下相顺，而庶事理焉。周室既微，礼乐征伐自诸侯出。桓、文之后，大夫世权，陪臣执命。陵夷至于战国，合从连衡，力政争强。由是列国公子，魏有信陵，赵有平原，齐有孟尝，楚有春申，皆借王公之势，竞为游侠，鸡鸣狗盗，无不宾礼。而赵相虞卿弃国捐君，以周穷交魏齐之厄；信陵无忌窃符矫命，戮将专师，以赴平原之急。皆以取重诸侯，显名天下，扼腕而游谈者，以四豪为称首。于是背公死党之议成，守职奉上之义废矣。”

在战国以前，社会结构简单，人口也少，各阶层比较固定，大家没有什么非分之想。但是进入战国时代就不同了，礼崩乐坏，那些本来有世袭爵位的小贵族，都失去了土地，变成了游民，大概相当于日本明治维新后的浪人。他们要找金主养活，于是新型贵族比如战国四君子就承担了这个任务。

到了秦国统一，六国贵族被消灭，门客们重新失业，又变成了浪人，他们要吃饭，就得找新金主。有些有名的，被通缉，就隐姓埋名，躲起来，寻找机会。陈胜一起，他们就像经历过一场冬眠一样，纷纷苏醒。张耳、刘邦都是这类人。等到汉朝一统，那些人又去投靠新贵族，投靠不了的，暂时就由有钱人养着，甚至有些人还负责维持社会秩序。我们知道，古代朝廷都是只收税的，在社会秩序方面，主要盯住反贼，对于偷盗抢劫，大多睁一只眼闭一只眼，这时游侠就趁虚而入，包揽这个业务。他的业务要跟政府竞争，当然品质要好一些，而且他们毕竟都是给贵族当过差的，确实有些职业守则，比如不怕死、不怕苦、重然诺等。道理很简单，做不到这些，贵族就不养你了嘛。所以，这些品质也会被他们带到民间来，老百姓当然拥护。因为有荣誉感，他们免不了义务做一些好事，收买人心。

接下来，我们具体分析《史记·游侠列传》里郭解的故事。

郭解的外婆是个看相的，可见他的出身不高。他爸爸就喜欢做侠客，在汉文帝的时候，被政府逮住处决。他有侠客的基因，从小就是个混混，内心残忍，容易发怒，一不高兴就要杀人，经常给人当刺客。换现在他估计早被枪毙了，但古代没有什么人脸识别，逃脱较容易。长大后他突然改了脾气，开始以德报怨，乐衷施舍，还不求报答。也就是说，他逐渐从被人庇护的，变成了庇护人的，混成了黑社会老大。

只是阴险残忍藏在心中，有时会突然因为一点小恩怨勃然大怒，和年少时没有什么两样。随着名气越来越大，仰慕他的游侠少年也越来越多，经常偷偷为他报仇，不让他知道。

郭解讲究盗亦有道。有一次，他的外甥仗势强灌一个人酒，那人气不过，拔出刀来把这个郭家外甥结果了，清醒后知道不妙，赶紧逃跑。这很像香港警匪片里的桥段，一般来说，黑老大都是不会放过对方的。郭解姐姐大怒，说："以我弟弟的侠义声名，有人杀了我的儿子，竟然就这样跑了，人都找不到。"把尸体扔在路上，不肯下葬，想让郭解感到羞耻。郭解派手下明察暗访，找到了那个人，问清楚缘由，竟然说："你没有错，我那外甥，该杀。"这就不是一般黑老大了，他讲暴力，但也讲道理。单纯靠暴力，"事业"是做不大的。所以，消息传出去，大家都非常佩服，觉得郭解公正，不偏袒自家人，更加依附他了。这样的人物，我们读者也会很喜欢。

由于在乡里的威望，每次郭解出入，大家都纷纷躲避。但有一次，有个人不但不躲，反而坐在地上，无所畏惧地看着他。这个人要么是个抑郁症患者，想找死；要么就是比较自负，想向郭解挑衅，取而代之。郭解的小兄弟暴力惯了，马上想上前干掉这人，但郭解制止了，反而自责："我住在这个小区，别人对我不礼貌，肯定是我的德行不够。"这说明什么，他这时候简直有仁君的风范了。他还专门私下嘱咐"县人武部"的"科长"："以后征发徭役的时候，不要征发那个人。”那人听说了这事，光着膀子来向郭解赔罪。这说明郭解也知道，除非你有无孔不入的暴力手段，否则适当的宽容，有助于收买人心。古书上大臣老劝皇帝：“不要承认错误，否则老百姓会看轻你。”我感觉不是那么回事，做错了就承认的皇帝，人们会更敬佩；死不认错的皇帝，别人不敢说，但心里肯定笑话他。何况郭解只是个黑老大，他并没有政权那样的暴力，能驱使太多人为他卖命，只有靠德行。这种德行，就是侠义，就是庇护、帮助别人。

洛阳有两家人互相寻仇，打得不可开交，当地黑老大调解，没用。有人求郭解帮忙，郭解趁着黑夜去洛阳，两家人也真给郭解面子，答应握手言欢。但郭解对他们说：“吾闻洛阳诸公在此间，多不听者。今子幸而听解，解奈何乃从他县夺人邑中贤大夫权乎！”意思是，我听说洛阳诸公为你们调解，你们多半不肯接受。如今你们幸而听从我的劝告，但我怎能从别的县跑来侵夺本城贤士豪杰的调解权呢？于是他连夜离去，不让人知道，并让矛盾双方先假装没有和解，等洛阳豪杰前来调解后，再宣告矛盾解决。

这说明郭解知道分寸。在江湖上你懂得分寸，别人才会敬重你，帮你揄扬。你又不是皇帝，手伸到洛阳去，也收不了洛阳的税，不如留个好名声，而好名声就是资源，关键时候能救命。这里把洛阳黑老大称为“贤大夫”，也很有意思，说明盗贼也知道，用暴力能打下一片街道，但不能治理它。

黑老大们一旦生计不忧，就要承担起社会责任，把自己洗白，合法化，贵族化。

郭解虽然残忍，但知道不能跟官府作对，所以从来不敢坐车进入“县政府”，不像港剧里的黑社会那么嚣张。因为香港是法治社会，你再嚣张，法官没有你犯罪的确凿证据，也拿你无可奈何；古代的官府可不管这么多，要办你，那是真的很野蛮。既然郭解这么恭顺，官府也不难为他，因为有些事官府办不了，还得靠黑社会，比如治安很差，考核时是要扣分的，但官府和黑社会搞好关系，就可以让他们代为管理，还不用花钱。

但他的命运终结在一个奇葩政策上。汉朝每隔若干年，就要天下郡国迁徙一批有钱或者有影响的人到京城附近的陵邑（专门为给皇帝守陵建造的城镇）居住，主要是为了便于控制，当然也有收揽人才的意思在内。元朔二年（前128），武帝又为自己的陵邑下诏搞迁徙，凡家产三百万以上的富人，都在名单内。郭解作为杰出人才，就被征发了。他不想去，毕竟换了地方，没有在自家街道上快乐。连大将军卫青都为他说情，说郭解其实很穷，家产不到三百万。而汉武帝是个精明皇帝，说：“一个平民能让朝廷大将军为他说情，怎么能算穷？必须迁。”

郭解的侄子不服气，杀了当地一名姓杨的县掾，因为正是此人把郭解列入迁徙名单的。杨、郭两家由此结下仇恨。

郭解在茂陵定居后，名声又开始流传，整个关中的贤士豪强不管了解不了解，听到有这么个人物，都纷纷跑来结交，但他的祸患也开始出现了。不久，杨姓县掾的父亲杨季主也被杀了。杨家人知道是郭解手下所为，当地政府不敢管，气不过，干脆去长安告状。武帝很生气，下诏追捕。

郭解早早得到消息，撒腿就逃，把家小安置到夏阳县朋友家，自己跑到临晋县。临晋有个籍少公，也喜欢行侠仗义，虽然以前不认识郭解，但郭解猝然去拜访他，请他帮忙把自己弄出函谷关，他也乐于出手相助。郭解出关后，逃往太原，一路都投奔类似籍少公的人，借宿吃饭，请求帮忙，吏卒也一路追捕。有一天，追捕的人到了籍少公家，籍少公见势不妙，当即自杀，灭了自己的口。但这无济于事，国家政权太强大了，最终还是捕获了郭解，将他扔进监狱进行高强度审讯。官府追根究底，发现郭解确实杀了不少人，但都是在大赦前做的，至少现在清白无辜。看起来郭解这次又能逃脱大难，但这时又发生了一起杀人事件，最终阻断了郭解的退路。

朝廷特别派遣使者到郭解的家乡轵县搜集罪证。有一次使者召集人座谈，有个客人赞扬郭解为人谦逊，非常贤德。在座的一个儒生表示反对，说："郭解专门为一己之私作奸犯科，挑战律法，怎么能叫贤德？"谈话传了出去，没多久，那儒生就死在了郭解门客刀下，还被特意割掉了舌头。

审讯官吏得到消息，又责问郭解，但郭解还在牢中，当然什么也不知道。凶手又跑了，不知道是谁。官吏似乎还算公正，上奏说郭解无罪。碰到文景时期，郭解可能没事，公事公办，他确实没参与这事。但那时是儒生当道，很残酷。武帝看到奏报，让群臣发表意见，御史大夫公孙弘的一句话，就把郭解全家送上了西天："郭解不过是个普通老百姓，竟敢代替政府行使威权，手下人因为一点小事就杀人。虽然他本人不知道是谁杀的，但罪行比他知道还严重。这不是普通的杀人案，而是大逆不道。"于是按照法律应当无罪的郭解，被判了三族诛灭。（不过《后汉书》里有一个人叫郭伋，"字细侯，扶风茂陵人也。高祖父解，武帝时以任侠闻"。似乎郭解的子孙仍有孑遗。）

郭解死后，自称为侠者还有很多，什么长安樊仲子、槐里赵王孙、长陵高公子、西河郭公仲、太原卤公孺、临淮兒长卿、东阳田君孺，行事还过得去，虽然称侠，但谦逊退让，有君子之风。至于北道姚氏、西道杜氏、南道仇景、东道赵氏、南阳赵调等人，就是民间的赤膊大盗，纯粹的垃圾，不值一提。

郭解是西汉最有名的游侠，虽然罪恶颇多，但在为人处事方面，却有贵族风范。他不偏袒亲人，谦恭礼让，乐于助人，这些都是难得的品质，没有几个人能够做到。至少和汉武帝相比，他所能作的恶，实在算不了什么。最后他的死亡，从某种程度上来说确实是冤枉，至少不应该承受族诛的命运。而导致他灭族的，竟是两个儒生，回溯历史，其实有一点荒谬感。在秦始皇时代，法家的集大成者韩非就说："儒以文乱法，侠以武犯禁。”两者都是政权的打击对象。而儒家被朝廷收编后，却立刻呈现一副凶残嘴脸。公孙弘建议族诛郭解的理由，是毫无法律依据的“虽然他不知情，但比知情还恶劣”，这就是儒家所谓“春秋大义”。于是，一个被谨守律令的狱吏断为无罪的郭解，突然就变成了应当三族夷灭的反贼，处罚之重无以复加。汉代儒家的残酷凶暴和对皇权竭力巴结的丑恶嘴脸，跃然纸上。孔夫子如果看见，只怕棺材板也压不住了，因为原始的儒家，还真是汲汲于仁义的，不会下流到这个地步。

司马迁对郭解这样的游侠是很同情的，对比《汉书》，他用字都和班固不同，《史记·游侠列传》里，公孙弘对武帝说，郭解任侠行义，是跟国家政权对着干，实属“大逆无道”，于是武帝“族郭解翁伯”。而《汉书》这句作“遂族解”。我们知道，古代称字表示尊敬，史迁加上郭解的字“翁伯”，千载之后，我们都能从书中感受到他的沉痛，感受到他对郭解深深的同情。而班固则是一副冷眼旁观的神态，这个大文学家，已经被大一统的专制体制，潜移默化为一个典型的御用文人了。

当然，郭解也没有司马迁所说的那么美好。只是司马迁凭着直觉发现，游侠毕竟有些优秀品质，比朝廷还是强得多的。

第三讲 《史记》中的八女

中国古代一直轻视女性，所以在中国正儿八经的史书中，正常的女性根本找不到几个。她们要么被说成红颜祸水，要么被当成道德楷模载入《列女传》。史家这么写或许是出于自身偏见，或许是因为秉承上面的意旨而不得已。尤其那些掌握过权柄的女性，基本没有好的形象，其中以宣太后和吕后为最。至于那些没有掌握权柄的，以年龄为分界。老年妇女一般得到善待，形象不错，比如赵括母、陈婴母、王陵母、张汤母；青年妇女若要不被当成反面角色，则只能以贞洁的形象出现。但《史记》由于不像《后汉书》设置了《列女传》，所以青年妇女出现得很少，值得讲述的大概只有聂嫈和淳于缇萦。

在这一讲里，我们就分析八个女性。

首先讲吕后。吕后的爸爸，不是一般人，多半是个土豪，因为他跟当时的“高干”，沛县的县令是好朋友。当官的当然也会有个把穷朋友，但前提是那些穷朋友有一定的本事，只是暂时没发迹而已。又穷又蠢的朋友，当官的会利用，但不会把他当成朋友。这点我们心里要明白。

吕公原先是单父人，后来搬到沛县，因为他在家乡和人结了仇，来沛县避难。生在这么一个家庭的女性，多半不会是善茬。而她嫁给刘邦的时候，顶多二十出头，刘邦已经四十多了，年龄相差二十以上，吕雉肯定也是不大愿意的。自古嫦娥爱少年嘛，谁不想嫁个跟自己年龄相仿的，生活各方面都和谐。就算要嫁老的，在一般人看来，刘邦也不是好选项。论官职，他只是个亭长（相当于派出所所长）；论薪水，每个月六百，比一般民工多不了多少，而且毫无积蓄，肯定买不起房。事实上，沛县县令就想把侄女辈的吕雉搞到手，曾向吕公提过亲，但被吕公拒绝了。拒绝的方式我无法想象，我猜需要很高的语言技巧，因为那时的县令，比现在的县委书记地位还要高，属于“高干”，你拒绝他，惹得他不高兴，没有好果子吃。史书上说，吕公在三个女儿中，最看重老二吕雉，想依仗她飞黄腾达，觉得她可以嫁得更高，所以拒绝了县令。吕媪也为此想不通，对老头子说：“你说要靠这个女儿重振门楣，为啥选择了刘邦那个穷鬼，而放弃县令？”老头子一句话把她噎回去:“你一个妇女，懂什么，吃你的饭，不说话没人把你当哑巴。”吕媪就再也不敢说话了。在古代，嫁对人非常重要。嫁得好，莫名其妙你就吃香喝辣; 嫁得不好，莫名其妙你就被牵连，绑上了刑场。

古人说，妻者，齐也。意思是妻子和老公身份是平等的。这其实只能听听而已，要当真就傻了。连吕媪都没有说话权，吕雉作为父亲的私有财产，自然更没有发言权。父亲让她嫁谁，她没得选。不过鉴于人之常情，我想作为父亲的吕公，肯定还是会给女儿做一番思想工作的。吕雉也想必会说：“爹，俺不想嫁那个老所长，房子都没有，据说还有个私生子。”

刘邦是有个私生子，是他跟一个姓曹的妇女私通生的，可刘邦并没有想过娶那位小曹，因为流氓一旦有了些地位，都想娶一个能给自己带来提升的女人，或者是家里有钱，或者是家里有权。刘邦早年有位大哥叫张耳的，就是名气混大后，被富人看上招为女婿，才有钱招徕自己的门客。刘邦也在等待这一天，吕公就是他等待的对象。

吕公说：“房子没有，俺们家有啊。老是老点，可你妈也比我小十几岁呢，咱们还不是过得好好的。”

吕雉说：“为啥不让我嫁县令？至少吃香喝辣，不用耕地。”

吕公说：“女娃家，我就知道你不懂。现在什么时代？可不是太平岁月了。你去菜市场看看，货架上空空如也，没人有心思干活。为什么？大家都知道大乱将至。这县令不过是上面派到沛县的光杆司令。天下不乱，他地位稳固；天下一乱，他就是待宰羔羊。把你嫁给他，岂不是让你给他殉葬？你再看那个刘老所长，在本地有四十多年的人脉，大小通吃，天下有变，只有他才能保护咱们。要知道，我们来沛县，本来就是避难的，可县令这里只是临时避难所，他的根基并不牢固，只能扛五级地震，七八级以上，非刘老所长不行。”

稍微了解点历史的人都知道，吕后这个人后来做了很多让人吃惊的坏事。但她是天生这么凶残吗？世界上确实有天性凶残的人，美国科学家曾经运用科学手段扫描一些穷凶极恶罪犯的大脑，发现他们的脑部大多有物理损伤，可能就是这些原因导致了他们的犯罪。但吕后的大脑，我相信基本是正常的，她的凶残只是心理问题。早年的吕后，还能看出一点本性的善良。比如《史记》里记载，有一次，她带着儿子女儿在田里干活，有个老头经过，对吕后说："我渴了，能不能给点水喝？"吕后马上答应，原文是"吕后因餔之"。这个"餔"字有"喂食"的意思，也有"晚饭"的意思，不管哪种意思，都是指给了食物，不光是水。也许因为招待颇周，老头没有马上走，而是说："夫人，我看您面相很贵。"吕后听了老翁之言，不胜欣喜，要求他再看看两个孩子的相。老翁看了刘盈，说："夫人，您之所以能够富贵，都因为这个孩子。"又看了女孩，照旧谀词滚烫："富贵不凡。"

所以，也许吕后天性并不坏，要不然一个老乞丐求一碗水，她不会还加一碗饭。一般的人，做得到吗？要知道，她那时也不怎么富裕，毕竟嫁了流氓，没有什么积蓄，否则也不用亲自下地劳动了。

但后来她一共做了以下几件恶事：

1. 杀韩信。她把韩信诱骗到宫中加害，又屠灭了他的三族。

2. 杀彭越。彭越被刘邦诱捕，莫名其妙定了个反叛罪，刘邦不好意思杀，流放到四川的青衣县。流放途中碰到吕后，他以为女人总会仁慈一点，上去求救。吕后假装答应，把他带到洛阳，却再次起诉，将其夷灭三族，尸体还剁成肉酱。

3. 把戚姬做成人彘。

4. 杀了刘邦的另外两个儿子：赵幽王刘友、赵共王刘恢。

吕后为什么这么变态？只能说权力让人如此。假如吕后生在英国，当了女王，绝对是和蔼慈祥的，因为权力不大，不会让人痛恨，也不至于搞得你死我活。在吕后那个时代，则只能你死我活。吕后如果不变坏，在政治斗争中早就出局了。她的经历丰富，早年跟着刘邦，没过上什么好日子，里里外外一把抓，既要种地，又要带孩子，刘邦落草为寇后，还被连累坐牢，此外还经常要去山里给刘邦送饭。刘邦当了汉王，起兵反项羽，她又被项羽捕获，一直到战争结束，才得以回家，刘邦根本不会顾及她的死活。她侥幸活命后，刘邦又迷上了戚姬，差点让她自己的儿子地位不保。可谓时时处在危险之中。在项羽的监狱中，她估计受了不少罪，监狱那所大学也教会了她许多。她逐渐认识到，为人必须心狠手辣，才有活命机会。尤其在经历嫡长子差点被废黜的危机后，她的心态彻底扭曲了，要赶在刘邦死之前，把淮阴侯韩信、梁王彭越、淮南王英布除掉。除掉这三个人，儿子的帝位才能安稳。在出征淮南王的时候，刘邦本来想让刘盈代替自己去，但吕后哭哭啼啼说不行，她知道，这是她人生最关键的时候了。

大家可能觉得吕后杀死戚姬，纯粹是因为嫉妒，我认为这样理解过于简单化了。在那个时候，男人有三妻四妾很正常，嫉妒被认为是女性最大的恶行之一，一般妇女就算心里嫉妒，也不会摆在明面。所以这不会是导致她变态的主要原因。刘邦还有那么多老婆，吕后都没有加害，顶多就是不照顾，为什么独独对戚姬这么恨呢？因为戚姬的儿子差点夺了自己儿子的皇位，这皇位一旦丢了，自己不但前半生的苦完全白吃，命也保不住。史书文字简略，我猜刘邦活着的时候，戚姬曾经一度很嚣张，很骄横，以为自己皇后做定了，对吕后多有羞辱，给吕后造成巨大的精神刺激。

所以，从人性的角度来说，吕后也是值得同情的，是万恶的专制制度，把一个本来可能不无善良的妇女，变成了地道的魔鬼。

在《史记》中，第二个差点赶上吕后权势的，是秦国的宣太后。宣太后是楚国人，王室血统，芈（mǐ）姓。——其实楚国王室把自己的姓写作“嬭”，“芈”的本义是羊的叫声，现在我们一般写作“咩”，大概是秦国人故意丑化楚国人的写法。

宣太后是秦惠文王的妾，生了秦昭襄王。秦昭襄王早期，国内基本只知太后，不知秦王。据史学家考证，“太后”这个名词的出现，可能就缘于她。

《史记》里只说宣太后专权，没有对她性格的详细描写，而《战国策》记载了她的一些佚事，很能反映她的性格。有一次楚国围攻韩国的雍氏城，韩国派人到秦国求救，秦国不肯发兵，韩国使者说：“我们韩国一向是秦国的跟班，如今危险了，贵国却不救，难道不知道唇亡齿寒的道理吗？”宣太后说：“我当年侍奉先王，先王把大腿搁在我身上，我觉得受不了，太重；等他全身压到我身上时，我却不感觉重了。这是为什么呢？”韩国使者不知道怎么回答，大概感觉这个问题不庄重，支支吾吾：“这，外臣不知道，敢问太后，是什么原因？”宣太后说：“很简单，因为我感到舒服，得到了益处，就忘了重了。要我发兵救你们韩国，很花力气，请问，你们能给我什么益处呢？”

可见，这个宣太后性情粗野，风格活泼，而且非常注重利益。和武则天一样，她精力充沛，蓄有一个名字叫魏丑夫的姘头，双宿双栖，一点不在乎别人怎么说，可见秦国，即使在贵族高层，也不大讲究礼仪，这在东方六国当中，似乎还不曾有过。不过，宋国也有类似的情况，《左传》里讲到宋襄公的夫人，论辈分是公子鲍的祖母，但公子鲍是国内有名的帅哥，襄夫人想睡他，就弑了在任的国君，强行把公子鲍立为国君，引诱公子鲍从了她，是一样的情况。据清华大学收藏的战国楚竹书记载，秦国人原居山东，和商朝的族裔同属东夷集团，商朝灭亡后，秦人的祖先也被周朝势力赶到陕西，看来其文化传统是一致的。无独有偶，后来秦始皇的母亲也跟嫪毐私通，这回闹得更大，还给秦始皇生了两个假弟弟，秦国上下并没有当一回事，《史记》里秦始皇得知嫪毐跟自己母亲有染后，勃然大怒的说法，不一定符合事实。使得秦始皇勃然大怒的，大概主要是权力斗争。相比秦国的宣太后，我认为刘邦的吕后还是比较收敛的，虽然她可能跟审食其有一定的暧昧关系，但毕竟没有那么嚣张。

现在说说四个人的母亲：赵括母、陈婴母、王陵母、张汤母。这四个母亲中，比较聪明的大概只有陈婴母，其他三个，智商都很一般。

先说赵括的母亲。

赵括的父亲赵奢是赵国名将。有一次，秦军伐韩，在阏与驻军，韩国向赵国求救。赵王召廉颇询问：“可以救吗？”廉颇回答：“道路辽远，且路况险峻，很难救援。”赵王又召名将乐毅的族人乐乘询问，乐乘的回答和廉颇一样。赵王不甘心，又召问赵奢，赵奢说：“可以救，道路虽然远，地势虽然险峻狭窄，但也有好处。就像两只老鼠在洞穴中撕咬，勇敢者胜。”意思是这样的条件下秦国兵力强盛的优势发挥不上。赵王很高兴，拜赵奢为大将，率兵救韩。

赵奢采用反间计，让秦将获得假信息，然后突然星夜行军，赶到前线，并抢先占据有利地形，大破秦军，解除了韩国的阏与之围。赵奢被封为马服君，可以和廉颇、蔺相如平起平坐。

但赵括智商似乎不高，只会纸上谈兵，按照遗传学观点，儿子智力多随母亲，如果是真的，那么可知其母智商也一般，可惜了赵奢的好基因。赵括母一开始很看好儿子的才华，但是赵奢一眼就识破了赵括是个没用的货，他给老婆讲解："兵事，是天下最凶险的东西，可是赵括谈起来，语气非常轻浮。如果将来赵国任他为将，赵军必然大败。"虽然听得懵懵懂懂，但赵括的妈妈肯定从此就留意了。赵奢死后，秦国攻打赵国，赵王派廉颇为大将迎击。赵军失利数次，廉颇知道秦军势头凶猛，不可硬拼，下令高筑壁垒，坚守不战。秦军屡次挑战，廉颇都不肯应。于是秦王派间谍入赵，使反间计，导致赵王召回廉颇，以赵括为将。

赵母出面阻拦。赵王问她："你为什么说你儿子不行？"她回答得有理有据："赵奢做将军时，身边多才干之士。他说自己愿意亲手捧着饭碗侍候的，就起码有十几个人；值得做朋友的，也有上百。大王及宗室给了他赏赐，他一点不留，全部散发给士卒。一旦受命打仗，就不过问家事，一心一意谋划战事。可赵括不一样，您刚任命他为将，他就得意非凡，对军吏没有一点好颜色。军吏见到他，都跪伏在地，不敢抬头。

这类人里面，会有才智之士吗？大王所赐的金帛，他全部运回家，天天查看交易信息，想购买良田美宅。大王认为这样的人，能跟他父亲比吗？希望大王千万别赋予他重任。”

这个说法对吗？我认为只是些老生常谈。固然古代说到名将时，多会提到他们“绝甘分少”，对士兵很优待，比如李广、李陵祖孙，魏尚、李牧也是这样，但后两者确实战功累累，前两者却一个至死都没有获得列侯爵位，一个兵败投降。为什么？这里可以以卫青、霍去病、李广为例，详细分析。

但凡仔细读过《史记》中相关史料的人，都会发现，卫青、霍去病真幸运，李广真冤。王维曾说过“卫青不败由天幸，李广无功缘数奇”，其实他们人生遭际的巨大差别不是因为运气，而是赤裸裸的皇权干预下的残酷结果。

李广出身于军事世家，整个家族擅长骑射，子弟都从小练习，而李广天赋异禀，两臂如长臂猿，射术尤为优异。这是说单兵素养。至于为将，他行政简易，士兵都乐于为他战死。他屯扎右北平时，匈奴不敢入境侵盗，称之为“汉之飞将军”。可见他无论个人素质，还是军事指挥才能，都有过人之处，但在那个持续开疆拓土的时代，终其一生，都没有封侯。

有些学者分析说，李广确实达不到封侯条件，因为他没有立过大功，斩首数量不够，而卫青、霍去病却斩获首级无数。汉朝就是以首级数记功的，汉武帝是公平的。这样说，当然没问题，可李广这样一个在军事上才华卓异的人，连汉文帝都说“使李将军，遇高皇帝，万户侯何足道哉”，也就是说，只要有战争，他能封侯是毫无疑问的，而他后来确实经历了那么多场战争，为什么文帝的话没兑现？

这说明一名将领能否封侯有别的因素在起作用，最重要的是资源获得。卫青、霍去病两人根本没有下过基层，不曾独当一面，但卫青第一次出征就拜车骑将军，霍去病第一次出征就拜嫖姚校尉，而李广第一次出征时只是个普通士兵。退一万步说，就算汉代以斩首数衡量军功，信赏必罚，卫青的三个儿子在襁褓中就能封侯，又说明了什么问题呢？只能说明当时所谓的公平，只能听听而已。当时连卫青自己都不好意思，坚决推辞，说：“臣的儿子还在襁褓之中，未有勤劳，陛下裂地封为列侯，恐怕无以劝勉战士，请陛下三思！”武帝说：“别急，那是另外一回事。”说明汉朝的法律，在武帝看来，连厕筹都不如。

第二年，武帝又出兵征讨匈奴，这时的卫青，已经升为大将军，统帅苏建、赵信、李广等几位将军出塞，结果苏建全军覆没，赵信投降了匈奴。也是在这次战争中，霍去病第一次从军，被拜为嫖姚校尉，后来又被封为冠军侯。他的仗到底怎么打的，司马迁一个字没写，只是在所引的武帝诏书中列举了战绩，连曾国藩读到这里都觉得奇怪。卫青无功，但回来时，依旧得到了一千斤黄金的赏赐，不过他很乖巧，听从下属宁乘的建议，立刻拿出一半，送给了武帝新宠王夫人的家族。估计他扪心自问，自己和霍去病要说完全没有本事，是不大公允，但要说有很大本事，显然也不合乎事实。只不过因为武帝宠幸了他姐姐卫子夫，决心要提拔他们一家，他的家族完全是沾了裙带的光。那么，循着武帝性欲转移的方向投资，总不会错。果然，武帝很高兴，顺带把宁乘也拜为东海都尉。一句迎合武帝性欲的话，就换得一个大郡的军事首脑职务，宁乘可谓精于丛林世界的生存之道。

武帝估计不仅对女性有兴趣，对男性也一样，霍去病可能就是他的男宠。以元狩四年（前199）春征匈奴战役为例。在这次大概是汉朝规模最大的一次出征中，卫青、霍去病各率五万骑兵，另有步兵和运送给养的伙夫几十万跟随在后，大举出塞。事先规定，所有的精锐都拨给霍去病。最有意思的是，武帝起先决定让霍去病率军出定襄，直接和匈奴单于对阵，让卫青从东面代郡出击，但在临出发时，从匈奴俘虏口中，得知单于在东边，于是武帝改命霍去病从东方代郡出击，而让卫青出定襄。总之，年轻帅气的霍去病，现在已经取代了青春不再的卫青，立大功的机会必定是给他留着的。原先所有的资源，包括精锐、给养、情报、道路等等，都向卫青倾斜，现在这样的好事已经一去不返，他只能获得第二等的资源。当然，第二等已经不错，李广等人，顶多只能领取残汤剩羹。以汉朝庞大的人口基数和积累已久的物质资源，若挑选出最精锐的战队和最精良的装备，就算交给一个白痴，只要这个白痴不瞎搞，一样能建功立业。

但意外的是，这次匈奴俘虏的消息是错误的，卫青所出的才是能碰到匈奴单于的路。司马迁对这场战役的过程描写得非常生动详细。

当时单于信任赵信。赵信本来就是匈奴贵族，后来战败，投降汉朝，改名赵信，被封为翕侯。元朔四年（前125），和右将军苏建率兵征讨匈奴，全军覆没，又投降回匈奴。伊稚斜单于以赵信在汉军久，熟悉汉地军情，封他为自次王，让他给自己出谋划策。

赵信对单于说：“汉兵既然敢越过沙漠来对付我们，等他们走到，也筋疲力尽了，我们可以以逸待劳，一举歼灭他们。”单于乃令把辎重调到北面大漠深处，亲率精兵等待，没多久就碰到卫青的大军。

当时卫青已经行军一千多里，见单于在迎候自己，下令把武刚战车环成圆形，建立军营，然后发五千骑兵出击。匈奴亦发一万多骑兵迎击。这时太阳正要下山，刮起了大风，沙砾击面，两军士卒眼睛都睁不开。卫青又发两支骑兵从左右侧包围单于。单于发现汉兵极多，也不像疲惫的样子，后悔不迭，眼看匈奴兵不利，单于趁着黑夜乘坐六骡车，带着贴身骑士数百人突围，向西北方向逃跑。那边两军厮杀正紧，死伤相当。汉军左校捕虏报告说单于已经逃跑，卫青立刻发轻骑追赶，并令大军离开战阵，尾随其后。一直追到天明，行进了二百多里，看不到单于踪影，只好撤退。这一仗总共杀敌一万多，占领了匈奴赵信城，呆了一日，把城里的粮食烧光，奏凯回国。

但《史记》对霍去病的作战过程毫无描写，更不要提什么风沙扑面的细节了，只在武帝的诏书中枯燥地列举了斩首情况。这次卫青虽然功劳不小，却没有获得加封，军吏卒也没有人封侯；霍去病则增封五千八百户，而且一人得道鸡犬升天，所有跟从他的将士，不少人封侯。卫青的地位日渐下降，霍去病的地位日渐上升。卫青的门客，也大都投靠霍去病去了。

这次出征，汉军固然有收获，但自己损失也不小，出兵前马有十四万匹，回来时不满三万。霍去病所率领的军队，固然都是精锐中的精锐，却也损失十分之七。最可怜的是，这次跟从卫青作战的李广因为迷路，遭到卫青责备，愤懑自杀。

这场战争，是李广自己要求参加的。开始武帝觉得他已经太老了，不肯答应，但经过李广不断请求，终于答应，让李广以前将军的身份，隶属大将军卫青。卫青军出塞不久，就捕获了匈奴人，得知单于所在之处，于是自率精兵赶赴过去，让李广的兵和右将军赵食其的兵合并，走东边的道路，到地点和自己会合。李广知道那条路又曲折又远，水草也少，不足以供大军给养，遂向卫青请求："臣本就是独立部队，不当归属右将军。而且臣自从成年以来，就和匈奴作战，至今四十多年了，今天才有机会直接和单于对阵，臣愿意为先锋，和单于死战。”

但卫青不肯，因为他有私心，他的好友公孙敖以前曾经有功封侯，后来又因罪被褫夺爵位，这次也想重新立功封侯，以中将军的身份跟从来了，卫青想把立功的机会留给公孙敖。这个心眼，李广也知道，所以愤懑不已，也不和卫青辞别，拔营和右将军赵食其会合，开往东边。因为道路曲折、缺乏向导，李广的军队在中途迷路，以致没能及时和卫青军队会师。而卫青的军队已经遇到单于，经过激战，却没能捕获单于，颇有闷气，回来的路上，才碰到李广和赵食其军，当即派下属质问两人为何迟到，并召李广带着下属到自己军帐中接受审问。李广说："诸校尉无罪，是我一个人的过错。"愤然拔刀自杀。消息传出去，李广军中一片嚎哭。百姓听说后，也都忍不住抹眼泪。

为什么李广如此受人爱戴？因为他为人廉洁，得了赏赐，立刻分给部下，和士兵吃一样的食堂。当了四十多年的"省部级高官"，竟然家无余财，也不关心这类事。为人口讷，和人在一起，就画块地为军阵的样子，和人比赛射箭来赌酒娱乐。带兵出去，找到水源，士卒不喝够，他绝不先喝；士卒不先吃饱，他绝不先吃。

而霍去病呢？从来不体恤士卒。每次出兵，武帝都让宫中膳食部门给他备上几十车美食，但回来时，辎重车上到处是扔掉的食物，士兵却有很多吃不饱。军行在塞外，士卒饥饿，连打仗的力气都没有，霍去病却还有心情画球场踢球。类似事情很多。卫青都不会这样，他虽然本事不大，但为人不错，恭谨有礼，多少有点贵族气，相比之下，霍去病就基本是一个恶少了。

卫青和霍去病，就军事才华来说，肯定比李广差得远，奈何武帝因为宠幸卫子夫，不遗余力提拔两人，所有良将劲卒、便利的道路，都由两人挑选。尤其霍去病，是个丝毫不体恤士卒的纨绔公子，竟能屡建大功，其中有太多的不公、太多无辜者的血泪。他们的条件如果给李广，封侯肯定不在话下。这两人其实都不算什么名将，他们出身卑贱，完全是因裙带而提拔，也有自知之明，所以侍奉武帝，都是妾妇之道。武帝对于卫青，可以蹲在厕所里接见，而对名臣汲黯，不戴帽子都不好意思出来。但汲黯终身位不至九卿，卫、霍却荣宠无比、天下艳羡，这说明，在武帝时代，只要保持人格尊严，就没有出路。

但成也裙带，败也裙带。当武帝衰老的身躯转向李夫人、钩弋夫人之后，卫氏家族的光辉也就黯淡了。不但卫青家中那些在襁褓中就获封的列侯被削爵，多名亲人被处死，甚至带有卫氏家族DNA的皇太子刘据，也死于非命。接替他们的，是李广利和刘弗陵。前者的妹妹，是李夫人；后者的妈妈，是钩弋夫人。她们引领着武帝的性欲，也决定着无数人的一生。

有些古人曾经诋毁李广，比如明末人黄淳耀说：

李广非大将才也，行无部伍，人人自便，此以逐利乘便可也，遇大敌则覆矣。太史公叙广得意处，在为上郡以百骑御匈奴数千骑，射杀其将，解鞍纵卧，此固裨将之器也。若夫堂堂固阵、正正之旗，进如风雨，退如山岳，广岂足以乎此哉？淮南王谋反，只惮卫青与汲黯，而不闻及广。太史公以孤愤之故，叙广不啻出口，而传卫青若不值一钱，然随文读之，广与青之优劣终不掩。

其实古人中的腐儒车载斗量，司马迁好歹是读万卷书，行万里路的，对现实人生有很多切身感悟，不像黄淳耀这种人，坐在书斋摇头晃脑。人家李广治军简易，士兵都乐为之死，也从未遭遇损失，他就敢断定人家遇大敌则覆。淮南王的下属劝淮南王不要谋反，当然夸大卫青，难道贬低？卫青身为大将军，不提卫青，反而提被边缘化的李广？还有一类文人，自家屋顶上的茅草都不够三重，却担忧君王土地不广，权力不大。谈起君王的远征来，热血沸腾，浑然忘了下顿米还不知道在哪。看到史书上主战的就大赞英雄，看到主和的就大骂奸人，浑不知战争之凶险可怕。

战争主要拼什么？我认为无外乎几条：1. 充足的人力，2. 严明的号令，3. 良好的组织，4. 充裕的后勤，5. 精良的武器，6. 丰富的情报，7. 严酷的训练，8. 灵活性和机动性。

以上有很多汉代的晁错就分析过了，汉兵和匈奴比，匈奴人的机动性和训练严酷程度占优（毕竟人家是生活战斗合为一体的），其他都不是汉兵的对手。在这种情况下，想打赢匈奴，就得靠消耗，用汉朝庞大的人口数量和丰富的物资，耗死匈奴，根本不要做毕其功于一役的打算。战国时代的张仪分析战争形势时说得好：

秦、赵战于河漳之上，再战而再胜秦；战于番吾之下，再战而再胜秦。四战之后，赵亡卒数十万，邯郸仅存。虽有胜秦之名，而国破矣！是何故也？秦强而赵弱也。

战国末期，秦、赵之间的战争以秦胜告终，并不是因为秦国将军有更高的军事才华，而是因为秦国更野蛮，地理位置更好而无后顾之忧，国土更大，人口更多，更经得起消耗，而赵国是四战之地，虽然胜多败少，也只能亡国。

汉朝和匈奴的战争没有什么技巧可言，不像中原作战，要破釜沉舟啊，背水一战啊，声东击西啊，大漠中一无遮挡，顶多用战车临时搭建一个防御圈，基本就靠硬拼了，谁兵多而精，后勤足，箭矢够，谁就能赢。《史记》中没有一句话提及卫、霍有什么特殊打法，他们的军事才能，完全是后人根据结果脑补的。而李广的作战才华，司马迁描写得很详细。当然，很多人又要为卫、霍找理由，说司马迁对武帝积怨在心，所以记述不客观，但是，班固写《汉书》时，怎么也不补充一点证明卫、霍治军才能的内容？

我这样判断的依据，除了史料，只有关于战争的常识，没有一个人能靠所谓的“军事才华”取胜。相信“军事才华”比国力更重要，等于相信传统武术能打赢现代格斗。而现代格斗手，其肌肉力量哪是一身浮肉的武术家能比的？《史记》说得再清楚不过，谁得到了武帝的宠幸，所有的资源都向他倾斜：千挑万选的精锐士卒、千挑万选的战马、千挑万选的兵器、充裕的后勤、丰富的情报资料……甚至本来确定好了战争路线，军队快要开拔，而一旦获得新情报，马上可以把更好的路线调整给武帝更宠幸的人。有一条好的路线，在战争中至关重要。像李广被迫走东道，虽然他知道那条路容易迷路，但因为卫青想把功劳送给自己的亲戚公孙敖，李广就得出让，最后果然迷路了，也只有自杀。

这就好比，我让你和另一个人各挖一口井，只给你一把锹、两个老弱病残的助手，伙食只有馒头青菜，挖井的地方还是干旱地区，但给那人一台挖掘机、一个专业工程师团队，好酒好菜足量供应，挖井的地方是湿润区，你能赢他吗？我这个比喻虽然略有夸张，但李广和卫、霍他们相比，情况就是如此。

即使这种纯粹靠消耗取胜的战争，在汉朝这样一个农业国，终究也难以为继，汉朝远征匈奴，虽然打了胜仗，但人口急剧下降，文景之治积累的巨大财富也消耗殆尽。有人说武帝宠幸的李广利打仗就不行，可是李广利得宠之时，是武帝后期，国力早已不如卫、霍时代。他起初率兵攻打大宛，就因为兵不精粮不足失败，最后武帝豁出去，给他追加士卒六万，牛十万，马三万，驴、骆驼数以万计，最终也征服了大宛，威震西域。这不正说明不计成本，就能打胜仗吗？难道第一次出征的李广利是草包，第二次就是战神？

天汉二年（前99），李广利率三万骑兵出酒泉，也斩首一万余级而还，这和卫青的一些战绩比并不差。后来他屡次出征，也有胜有败，士兵折损十分之七，跟霍去病也差不多。最后投降匈奴，不是因为战败，而是因为武帝对李夫人家族搞清洗，他被牵连，回国肯定性命不保。

总之，卫、霍没有那么强，李广利没有那么不堪。古代的文人，根本不懂得打仗主要比拼国力，还真以为有战神这类东西。军事家当然是有，策略也有一定作用，但说实话，国力不足，根本不可能保持胜利。崇卫、霍的，看不出司马迁文章的深意，人家又不敢说得太明白，所以，没有一定思考能力的人，就会被误导。

战争虽然靠计谋，但更靠实力，赵括母只见树木不见森林，并不真正懂自己的儿子。

我们继续分析。赵括到任后，秦将白起大喜，采用假装败退以诱敌深入的战略，成功将赵括引入包围圈，然后截断赵军运粮通道。赵括被围四十多日，将士饥饿，不得已率精锐突围，但被秦军射杀，军队溃败，士卒四十万人投降，被白起全部坑杀。白起顺势进军，围住赵都邯郸，赵差点因此灭国。赵王倒是遵守诺言，没有诛杀赵括家族。

从战术上说，赵括没有遵循廉颇的经验，不固守待敌，而主动出击，固然犯了错误，但失败的根本原因，还是国力的不对称。战争虽然在赵国境内发生，但秦国耗得起，赵国却耗不起。当时秦国国土广阔，资源充足。在后来灭楚的战争中，王翦率六十万大军和项燕在前线对峙，几个月后，楚国不得不退兵，也是因为秦国耗得起。王翦下令深沟高垒，让士兵每天在军营练体能，供应充足，虽在楚国境内，却悠闲自得；项燕的军队呢，却想回去抢收庄稼。等项燕一拔营撤退，王翦立刻发兵追击，大败楚军。如果楚国固守，也许能苟延残喘，但还是那句话，楚国耗不起，拖久了必败。

赵括不是不想固守，而是赵国固守不起，否则赵王也不会换了廉颇。四十万精壮在前线，国内几乎没有成年男子，在这种情况下，无论如何，赵国都想速战速决。

赵括最后被围住，筑营寨坚守，等候救兵。秦王也很紧张，亲自跑到前线，就近征发十五岁以上的人全部到前线，挡住赵国的救兵。如果赵国有实力，则救援并非不能成功，因为秦国也已经竭尽全力。

所以，赵括的妈妈并不是多聪明的人，只是记住了老公的话，比较忠诚。

陈婴的母亲，则确实智商较高。陈婴，东阳（今江苏盱眙东）人，曾任东阳县令史，在县里很有名望。东阳县的年轻人杀死县令，聚集数千人起义，拥戴陈婴为首领，跟从的立刻达到二万人，于是那些少年干脆想拥立陈婴为王。陈婴的老妈反对，告诉陈婴："自从我嫁到陈家，从未听说过你家祖先有过贵人，现在你突然得到这么大声望，不是吉祥事。不如找一个领头的，你做他的属下。事若成功，还能封侯；事若失败，容易逃亡。"于是陈婴对下属说："项氏世代为将，在楚国有名望，现在要举大事，将帅非这等人不可。我们只有依靠有名的世族，才能消灭暴秦。"

项梁死后，陈婴随项羽；项羽死后，陈婴又降了汉，被封堂邑侯。而和陈婴同时代的人，敢称王的大多没有好下场。古代中国的政治是养蛊，最后只能胜一个。当年刘邦能当王，也是因为萧何和陈婴同样的心思，坚决推辞，才轮到刘邦。貌似萧何吃了亏，但谁能肯定自己最终会成为刘邦呢？当皇帝的几率，比中几十亿的大奖还难；封侯就好多了，顶多像中十万元彩票。

王陵的母亲，没有什么可以称道的，她就一个字，倔。

王陵原先也是沛县的一个大流氓，资历比刘邦还深，刘邦见了他，得叫大哥。后来刘邦起兵了，他不服气，自己也拉了一支队伍到处征战，可是没混出来，只好带着几千人在南阳地界观望。等到刘邦的兵出关，要和项羽争天下，他终于想通了，虽然刘邦当年管自己叫大哥，但时移世易，人家已经混成了诸侯王，自己还是一个土匪，不服气不行，他马上宣布归附刘邦。刘邦很高兴，对他委以重任，并命他前往老家沛县，帮自己把一家老小接出来。由此可见刘邦泼皮到了什么地步，自己的家小都在敌占区，他竟然敢反叛，根本不把亲人的性命当一回事。

项羽总算回过神来了，发兵屯守阳夏（今河南太康），他的军队不是吃素的，立刻阻止了王陵军队东进的步伐。与此同时，项羽也将王陵的老妈捕获。当王陵的使者到项羽军中时，项羽让王陵的母亲坐在上席，表示很重视，希望王陵归顺。使者告别时，王陵母亲借口送别使者，偷偷哭泣着说："帮老妾我传个话给王陵，一定要好好侍奉汉王，汉王是个忠厚的人，一定可以夺取天下，不要因为我的缘故而三心二意。我今天就把这条老命自己了断了吧。"说完，自刎而死。

项羽大怒，把她的尸体架上火煮得稀烂。把人烧死煮烂，大概是项羽的必杀技。由这件事看来，王陵的老妈还挺有性格的，只是不知道她为什么对刘邦这么忠心。这事也有可能出于史官的粉饰，毕竟最后刘邦胜出了，什么都得按他的意思写。

张汤的妈妈则是个很有心机的人。

张汤是长安附近的杜县人，出身官宦家庭，父亲是长安县丞。他从小就得到父亲指点，擅长法庭文案，后来子承父业，也在长安县当了一个小吏，后来得到贵人相助，迅速发迹，在处理陈皇后案件中，非常卖力，深究穷挖，将有关无关的人全部网入，一一定罪。武帝很高兴，将他提拔为太中大夫，让他和另一个酷吏赵禹一起修订律令。这两人的脾气和观念非常投合，都认为律令就应该修订得尽量严酷，让各级官吏不敢放松。经过他们的努力，汉朝法律比以前更加险刻，天下百姓叫苦连天。

张汤为人狡诈，经常玩弄计谋，以求控制别人，巧言令色，逢迎武帝。每次治理案件，只要是武帝想定罪的，他就把案件交给比较刻薄残酷的下属处理；如果是武帝想赦免的，就交给比较宽厚公正的下属处理。后来武帝让他治理淮南王、衡山王、江都王的谋反案件，他挖地三尺，尽量牵连，尽量多杀，也因此更加得到重用，元狩二年（前121），升为御史大夫，位列三公。他生病的时候，武帝亲自上门探视，可见宠幸。

他虽然风风光光地当了七年御史大夫，但也结下不少仇人，其中包括武帝的哥哥赵王刘彭祖，丞相庄青翟，丞相长史朱买臣、王朝、边通，酷吏减宣。张汤自己又不是什么好人，也有很多把柄，被这些仇家一一找到，奏报给武帝，其中最让武帝恼火的，是张汤欺骗了自己。他问张汤："我想发布的命令，商人总是先知道，然后囤积货物，大发其财，好像是有人把我的计划先透露给他们似的。"张汤不但不谢罪，反而假装惊慌道："应该是有人透露了。"好像很无辜，其实就是他泄露的。

武帝于是派赵禹去拷问，张汤这才绝望，写了封书信给武帝谢罪，说："臣张汤乃是刀笔小吏出身，无尺寸之功，蒙陛下宠幸，提拔臣位列三公，臣无以推卸罪责。但臣真是冤枉的，陷害臣的，是丞相府三长史。"然后自杀。

张汤是个酷吏，害死很多人，但还算廉洁，死后财产不超过五百金，而且多是皇帝赏赐，找不到什么贪赃枉法的证据。五百金用来厚葬，也是绰绰有余了。当时的中产之家，家产也不过十斤黄金，张汤的家产约等于五十个中产之家，当然也算富，但考虑到他做过御史大夫，一度代理丞相，一人之下万人之上，确实算非常廉洁了。

他的侄子就想给他厚葬，但张母说："张汤作为天子的大臣，被恶言污蔑致死，有什么可厚葬的！"遂用牛车装载他的尸体下葬，只有棺木，没有外椁。这个记载似乎是真的，2002年，西北政法大学在建设长安校区时，无意发掘出了一座汉墓，出土了"张汤"私印两枚，棺木只有一棺，随葬品很寒酸，学者多认为墓主就是著名的酷吏张汤。

张汤母亲的话传到武帝耳朵里，武帝很感慨，说："没有这样的母亲，不能生下这样的儿子。"因此将三位长史处死。丞相庄青翟也被迫自杀。跟他勾结的商人田信则被释放了。武帝很为张汤之死惋惜，晋升了他儿子张安世的官职。

张汤的母亲为什么这么做呢？我觉得她很有心机。张汤的罪名，并不是贪赃，也没有什么冤枉。张汤曾经与手下合谋，害死了御史中丞周文；又和商人田信勾结，把国家政策泄露给他，使他因此致富，面对皇帝质问，还假装不知道，按照当时的刑法，足够死刑了。张汤是整个西汉最凶残、最阴险的酷吏，他不遗余力逢迎武帝，见风使舵，为虎作伥，通过制定一系列严酷法律，把天下百姓搞成均贫。虽然他本人还算廉洁，但伤天害理，也算是罪无可逃了。司马迁在《平准书》里还提到过张汤，说他死后，老百姓没有思念的。这是委婉的说法，其实就是张汤非常让人憎恨的意思。张汤最可怕的恶行，就是帮助武帝疯狂搜刮百姓财富。当时的大司农颜异不以为然，但并没有说什么，只是在客人问及时微微撇了一下嘴唇，就被张汤以"腹诽"之罪处了死刑，从此朝中大臣再也不敢劝谏武帝。

有如此残暴的儿子，做母亲的却似乎毫不在意。拿她跟昭帝时期隽不疑的母亲相比，高下立见。隽不疑做青州刺史时，每次出去巡视属下郡县，复查案件，回家后，其母总要问他："有没有平反冤狱？又救活了多少人？"如果隽不疑说有很多，其母就开心得不行，饭要多吃两碗，言语也非常愉悦。如果隽不疑说没有平反什么冤狱，其母就愤怒绝食。所以隽不疑做官，虽然严苛，但不残忍，不冤杀。和隽不疑的母亲相比，张汤的母亲无疑是鞋底的泥巴，属于没有是非心、不讲公德的人。要知道，当时武帝派了减宣去审问张汤，减宣说："你这辈子冤杀了那么多人，就不要为自己辩解了。"意思是恶有恶报。张汤知道难逃一死，才被迫自杀。可见一个人该死不该死，明白人虽然不敢说，心里还是知道的。

张汤的行径如此，他老妈一口咬定他是受陷害的，又显示自己很廉洁，用薄葬引起了武帝的恻隐之心，这才有翻盘机会，这心机显然够深的。

最后说说两位名字很女性化的人。在秦汉时代，人名的性别特征往往不那么明显，比如马王堆的女主人叫辛追（现在一般改释为"避"，但也不像后世的女性名）。而这两位一个叫嫈，一个叫缇萦，就比较容易看出性别了。

聂嫈的弟弟聂政，因为被小恩小惠收买，成为韩国贵族的打手，刺杀了韩国宰相侠累，怕连累家人，毁容自杀。他姐姐则另有一番想法，不但没有躲起来，反而跑到现场，表示对这起事件负责："这是我的弟弟聂政！请大家记住他，有识字的，把他的名字写下来。"

这对姐弟各有价值观。聂政本人没有什么远大志向，就是一条贱命，被人收买，报答了就完了。但他姐姐立意更高远，她感觉一家贱命，东躲西藏地活着意思也不大，而人过留名，雁过留声，不如名垂青史，所以她站出来认领了弟弟的尸身。古人对此也有总结：“贪夫殉财，烈士殉名，夸者死权，品庶每生。”意思是，贪财的人死于财，好名的人死于名，爱权势的人死于权势，老百姓则最爱惜生命。但其实最爱惜生命的人，往往爱惜不了生命，他们的命运，被强者玩弄于股掌，最后什么也得不到。聂政也不是天生想当刺客，也不算穷极无聊，但特别渴望被大人物重视，只要有人肯高看他，他死也无怨。他是属于“品庶”身份的人，差点连名都湮没了，幸好有个高屋建瓴的姐姐，让他没有白死。不过他也许觉得姐姐多事，名有什么意义呢？只要自己满足就行了。

我讲的这所有女性当中，聂嫈很了不起，作为一个弱者，响当当地留下了姓名，这是她在尘世间最猛烈的挣扎了，相当于声嘶力竭地向世界宣告：“我来过这操蛋的世间一趟。”

缇萦是很伟大也很幸运的，她碰到的，是中国古代不多的几个贤明皇帝之一：汉文帝。

缇萦的父亲名叫淳于意，齐国临淄人，做过一个叫太仓长的小官，所以又被称为仓公。淳于意年轻的时候，就非常迷恋医术，到处拜师学艺。吕后八年（前188），他拜了同里的一个高爵平民阳庆为师。阳庆那时已经七十多岁了，平生收集了很多医家秘方，也没有子嗣，一心想找个可靠的人，把秘方传下去，见到淳于意后，觉得这小伙子是个可造之才，决定把平生绝活倾囊相授。唯一让他不满意的是，淳于意以前学了太多乱七八糟的东西，于是他给淳于意下了个死命令，必须先把大脑格式化，清空垃圾，才配当他的学生。

淳于意没有办法，花了很长时间，才把以前学的东西忘得精光。阳庆大喜，将所藏医术和秘方压缩打包，拷入了淳于意的大脑。这些秘方文件的数量很大，淳于意的智商虽然高，也足足花了三年时间才拷完。之后，淳于意到处为人看病，疗效都很好，忙得脚不沾地，那些请不到他的人，甚至对他恨得咬牙切齿。

文帝四年（前 196），淳于意犯了法，被人告发，也不知为什么待遇特殊，竟要槛车押送长安审问。他没有儿子，只有五个女儿，这显然是他一生的痛。因为那时有一句谚语："盗不过五女之门。"家里有五个赔钱货，肯定一贫如洗，强盗大人自然懒得光顾。

这五个女儿攀着淳于意的囚车嚎啕哭泣。淳于意坐在囚车里，本来就烦闷得不得了，听见女儿们号哭，大怒道："号什么丧？老子不是还没死吗！"又仰天长叹："我淳于意上辈子造了什么孽啊！生了一堆赔钱货，有了急事，一个都派不上用场。"

最小的女儿缇萦不服气了，道："老爸，您也太看不起我们了，我豁出去了，今天就陪您上长安。"

淳于意没有阻拦，缇萦也就收拾好几件衣服，跟着老爸的槛车上路。一路辛苦到了长安，缇萦也没闲着，洗衣做饭侍候父亲的同时，写了一封信给刘恒。那时候平民可以自由上书给皇帝，只要跑到未央宫司马门前，把书信交给主管上书的官吏，官吏就会代为转达。所以上访的人还不少，司马门前每天跪一地。

也许从小得了老爸熏陶，缇萦的信写得很有文采：

妾父为吏，齐中称其廉平，今坐法当刑。妾切痛死者不可复生，而刑者不可复续，虽欲改过自新，其道莫由，终不可得。妾愿入身为官婢，以赎父刑罪，使得改行自新也。

意思是：“妾身的父亲是个芝麻大的小官，一向廉洁公正，齐国人都对他交相称颂。只是金无足赤，人无完人，谁都免不了犯错。如今他触犯刑律，要遭受肉刑，妾身非常难过，并深切地感到，人死不可复生，肢残不可复长，刑满释放后，也无路可走。因此，妾身愿意罚入官府为奴婢，为父赎罪，使父亲有改过自新的可能。”

刘恒看了缇萦的上书，愀然不乐，当即下诏：“我听说上古时代，对待犯罪的人，只要在他们衣服上画上符号以为侮辱，他们就羞愧得不会再犯。刑罚这么轻，为什么国家还能治理得那么好？我真是好羡慕。现在法律规定了三项肉刑，罪犯却越来越多，问题究竟出在哪里？难道不是我德行微薄、教导不明造成的吗？所以说教育不够，百姓就容易为非作歹。社会风气的端正，在于我们这些高高在上的人以身作则，否则老百姓不会服气。现在百姓一犯罪，我们不反思我们的教育是否合格，只知道对他们施加肉刑，让他们变成残废，丧失改过自新的机会，这太让人悲伤了。我们这样做，称得上是百姓的父母吗？因此我命令，立刻废除肉刑，改掉这种重刑的作风。如果罪犯们服刑期间不逃亡的话，到达一定年数就释放。我的这些意见都立为法律。”

上面这道诏书的思想除了废除肉刑之外，还引出了一个“有期徒刑”的概念。原来在这之前，罪犯的刑期都是无限的，从这道诏书开始，才有按照罪行轻重规定不同刑期的思想。

诏令一下，大臣们还不理解，纷纷上书反对。刘恒坚决驳回，雷厉风行敦促废除肉刑。从此，中国历史进入了一个没有肉刑的崭新阶段，离文明又近了一步，这是人类文明史上的一次重大事件。后来有些严酷的统治者比如曹操，一度想恢复肉刑，巩固自己的特务统治，却因为以孔融为首的群臣纷纷反对，才最终打消了念头。可见，专制统治者对肉刑是多么眷恋，肉刑对百姓的恐吓功能又是多么强大！而刘恒并不因为要维护统治，就对肉刑的残忍视若无睹，仅此一项，他就足以彪炳青史。

但我想，没有哪位囚犯获得新生后，会记得缇萦的功劳。罪犯们应该拜缇萦，而不是拜什么关公。

第四讲　历史的决定性瞬间——鸿门宴

鸿门宴，是中国最有名的典故之一，妇孺皆知，似乎没有什么讲的必要，但我觉得，有些细节，仍然值得分析。古往今来，很多学者深入谈过这个话题，提出了很多观点，有些我同意，有些我不同意。下面，就来谈一点我的看法。

鸿门宴的故事，我们首先简单叙述一下。

话说秦二世即位不久，天下大乱，陈胜、吴广首先发难，继起者不可胜数，最著名的，就是项羽和刘邦。项羽最强，攻灭了秦朝的主力，继续进军函谷关，到了关中的戏邑，命令停下，安营扎寨，由于军队太多，营寨一直延伸到骊邑，离秦始皇的坟墓不远，南距刘邦的霸上“招待所”，大概只有现在的十公里（《史记》说四十里）。项羽的驻所，在骊邑东一个叫鸿门的地方。他接到了一封新鲜出炉的书信，书信来自刘邦的军营，写信人名叫曹无伤，信上是这么写的：

项将军左右：

刘邦准备在关中称王，让故伪秦王子婴当丞相，收藏了无以计数的珍宝和美女，准备过好日子了，诸侯来，只怕什么也得不到。

左司马曹无伤顿首

曹无伤是刘邦军中的一个司马，大概他看出了项羽势力更大，投奔项羽更有前途，才这样做。项羽见信大怒："吩咐下去，杀猪宰羊犒赏士卒，明天一早进攻刘邦。"

项羽身边的老谋士范增很赞赏这个决定，添油加醋："刘邦当年在沛县，既贪财又好色，现在入关了，看见财物美女竟然无动于衷，这不正常，可见他的志向不一般。我令人眺望云气，发现他驻地上空有五彩云，成龙虎之状，此天子之气也。赶快出手，否则后悔莫及。"

眼看刘邦的寿数就要到头，项羽身边也出了一个内奸，这人还是项羽的叔叔，名叫项伯。项伯和张良有交情，秦时，项伯杀人亡命，投奔张良，得到张良的援助，而此刻他得知张良在刘邦军中，赶紧去找张良，想把张良带走。但张良不肯，说："我奉韩王的命令送刘邦，现在他有了急难，我若不告而别，是不义。"

项伯之所以想救自己的恩公张良，主要和他的出身以及当时的风气有关。

当时有两把力气的人，都在社会上混，不愿种田，称为游侠。刘邦是这样，项伯也是这样。

写《汉纪》的荀悦概括道："立气势，作威福，结私交，以立强于世者，谓之游侠。……不由四民之业者，谓之奸民。”游侠有个特点，就是对朋友一定比对亲人好。荀悦在悟到这点后，曾经跳脚大骂：“简父兄之尊而崇宾客之礼，薄骨肉之恩而笃朋友之爱，忘修身之道而求众人之誉，割衣食之业以供飨宴之好。”并说正因如此，世风才会败坏。正人君子们每天忙里忙外，累得半死，却食不果腹；奸邪小人不事产业，却吃香喝辣。其中又以“薄骨肉之恩而笃朋友之爱”和“割衣食之业以供飨宴之好”两条最为紧要。前者说游侠对亲人差，对朋友好；后者说游侠不吝家产，大摆宴会。言下之意，这些行为，都不符合小农社会百姓的人情，如此行事的人肯定是有什么奸邪之心，迟早图谋不轨，作奸犯科。

荀悦骂游侠，当然出于他的统治集团立场。其实站在项伯的角度，有什么可骂的呢？你荀悦是士大夫，能吃香喝辣；我们没官做，也想吃香喝辣，不做游侠怎么办？做了游侠，不把朋友排第一位怎么办？朋友能帮你打架，帮你收保护费，甚至拥戴你为老大，而亲人大多做不到。中国有句俗语：“在家靠父母，出门靠朋友。”游侠是从不落屋，以四海为家的，自然百分百靠朋友。为朋友两肋插刀，无非是希望朋友也为自己两肋插刀，否则怎么过活？荀悦的问题，就是不能对别人的处境和需求感同身受。

除了行侠仗义外，我想项伯之所以救张良还有个原因，就是求得心理的满足。一个人发迹之后，最怕的是父母兄弟已经死亡，另外就是怕恩公也不在人世，没机会显摆。知道张良还活着，并且正遇到险情，项伯怎肯不救？

但张良拒绝了项伯好意："我奉韩王的命令送沛公，沛公现在有难，我不能不辞而别，否则太不仗义了。"他脸上当时肯定洋溢着游侠的义气光辉，把项伯镇住了。没有这种义气，自己也活不到现在，想到这里，项伯就让张良去报告刘邦。

刘邦当然目瞪口呆。张良问："项羽的理由，是您擅自封住函谷关，这是谁给您出的馊主意？"

刘邦骂道："一个该死的腐儒，他说，只要封住函谷关，不让诸侯进来，就可以安稳当秦王。"

张良就问："您觉得自己打得过项羽？"

刘邦道："当然打不过，为之奈何？"

张良道："那就出去告诉项伯，您不敢背叛项羽。"

刘邦问："你们俩谁年纪大？"张良说："他大。"刘邦说："那我也以兄长事之，请帮我叫他进来吧。"

张良出来，劝项伯一起进去见刘邦。刘邦已经准备好酒席，亲自举着大酒杯敬项伯，祝他万寿无疆，又要和项伯结成儿女亲家，说："我自入关以来，秋毫不敢犯，百姓的户口簿和秦朝的府库都封存起来了，就等项将军一来，好马上移交。至于派遣人守卫函谷关，不是为了阻挡项将军，而是怕鸡鸣狗盗之辈搞破坏。我日夜翘首盼望项将军进关，怎么会反叛呢？希望您能为我在项将军面前说说情。”

项伯被刘邦的苦情戏打动了，答应了他的请求，但又说：“您最好明天一早来我侄儿军营中谢罪。”

项伯回去，在项羽面前为刘邦说情：“沛公如果不先破关中，您敢入关吗？现在人家有大功，您却想攻打他，此乃不义也，不如善待他，以免诸侯寒心。”项羽很重亲情，见叔叔这么说，觉得也有道理，一口答应。

第二天一早，刘邦告别了霸上大军，带着张良、樊哙、夏侯婴、靳强、纪信等几个人和上百骑士，奔赴鸿门，参加历史上赫赫有名的鸿门宴。

酒宴上，刘邦一味服软：“臣和将军并力攻秦，将军战于河北，臣战于河南，没想到能侥幸率先突破秦军关口，在这里重新和将军相遇。听说有小人从中作梗，让臣与将军有些嫌隙。”

项羽这年才二十六岁，年轻和骄傲使他口无遮拦：“这是你的左司马曹无伤告诉我的，不然，我项籍怎么至于这样。”他轻易地出卖了朋友，或者说，他并不认为这是出卖，反而认为这是一种坦诚。他急于撇清自己，把错误推给别人。这种领导，根本不懂得为君之术，如果他读了《韩非子》，绝对不会这样。其实也不需要读《韩非子》，在对方阵营安插一个密探，是很多参与利益争夺的人梦寐以求的目标，好好保护这条情报线，是普通智力的人，都可以理解的。曹无伤是送上门的间谍，项羽却不知道好好珍惜。是项羽的智商在及格线以下吗？不可能。那么多豪杰都愿意跟着他，为他卖命，说明他肯定有过人之处。只能这么理解，他当时根本没有把刘邦当成一个值得重视的对手。

既然达成了和解，就一起吃饭。项羽是主人，他坐的位置最高贵，东向；他的掘墓人项伯叔叔也和他一样，东向；那个深谋远虑的老亚父范增则位置次尊，南向；至于两位宾客，刘邦和张良，都坐在卑下的位置，刘邦的座位向北，张良向西。项羽虽然原谅了刘邦，但尊卑秩序不可乱，可以想见，在宴会上，刘邦感到了怎样的屈辱。

范增对项羽的态度大为生气，举起所佩戴的玉玦，不停对项羽使眼色，项羽却默然不应。范增只好把项氏家族的一位年轻人项庄叫到外面，语重心长地说："君王为人不忍，你进去假装举酒祝寿，之后请求舞剑助兴，趁机把刘邦杀于座上，否则我们将来都会死在他手里。"

项庄答应了，进去举酒祝寿，然后道："君王和沛公欢饮，军中没有什么可以娱乐，臣请以剑舞助兴。"项羽说："好！"项庄当即拔剑，舞了起来。项伯发现了其中的端倪，也当即离座拔剑，要求和项庄合舞。项庄几次想击杀刘邦，却发现项伯像鸟张翼一样，遮住了自己的视线和剑尖。张良知道情况不对，急得如热锅上的蚂蚁，找了个借口跑出去，和樊哙商量对策。樊哙问："事情怎么样？"张良说："不大好，眼下项庄正在舞剑，意在击杀沛公。”樊哙当场急了：“啊，这么紧迫，臣进去和他们拼了。”

于是樊哙拔剑执盾闯入军门，西向而立，睁大双眼望着项羽，眼眶似乎要迸裂开来。他并没有真的脑袋发昏，因为他还知道要西向站立，显示自己不敢僭越身份。他说：“秦王有虎狼之心，杀人唯恐不尽兴，天下因此背叛。怀王和诸将约定：先破秦入咸阳者当秦王。现在沛公先破秦入咸阳，登记百姓户口，封闭宫室府库，财物丝毫不敢取，还驻军霸上，等大王入关。之所以派人守函谷关，只是为了防备强盗出入及其他突发事件。沛公如此劳苦功高，大王非但没有封侯之赏，反而听从奸细的谗言，意欲加以诛杀，此乃步亡秦之后尘，窃以为大王做得不对。”项羽说不出话来，就请樊哙入座，樊哙挨着张良坐下。

过了一会，刘邦说要如厕，拉着樊哙一道出去了。项羽见刘邦迟迟不归，就派自己手下一个都尉陈平去找，陈平这次和刘邦交流了什么，我们不得而知，反正他没有完成项羽的任务，把刘邦带回营帐。刘邦吓得连车骑也不敢带，只骑了一匹马，带着樊哙、夏侯婴、靳强、纪信四个随从，从小路疯狂奔回自己的军营。张良估摸刘邦已经到了，才走进大帐，辞谢项羽道：“沛公不胜酒力，醉成一团，不能亲自告辞。谨让臣奉献白璧一双，再拜献给大王足下；玉斗一双，再拜献给大将军足下。”

项羽很奇怪："沛公去哪了？"

张良道："听说大王有意责问他的过错，已经一个人跑回军中了。"

很多年以来，我一直想不明白的是，对刘邦这种做贼心虚的溜走行径，为什么项羽浑不在意。若说"欲加之罪，何患无辞"，这就算"辞"了：你刘邦是到我这来谢罪的，事情还没完，为什么就鬼鬼祟祟先跑了，显然是心中有鬼。然而项羽没想得这么复杂，他接受了刘邦的礼物，还把它放在座位上，显得很正式，很讲礼貌。范增却气得要死，接过玉斗就扔到地上，又拔剑将它敲得粉碎，骂道："唉！竖子不足与谋，夺走项王天下的，一定是刘邦，我们这些人都会成为他的俘虏。"

这就是鸿门宴的故事。

毕生研究《史记》的韩兆琦先生，曾提出一个著名观点，鸿门宴是个段子，是司马迁想象出来的，而且项羽实际上不敢杀刘邦，因为他刚在新安坑杀了二十万秦降卒，太残暴了，关中父老对他恨之入骨，杀了刘邦，关中的父老不会服他。

历史学家李开元先生也有类似看法，他认为，项羽之失败，主要因为坑杀了秦降卒，致使关中百姓怨恨。最后围杀项羽的五个骑士，籍贯都是关中，可见关中百姓对项羽怨恨之深，非要亲手将其杀死不可。

我认为这些看法都不可信。

首先，一个和平时代的学者想象古代乱世，觉得杀了二十万人很可怕，其实是低估了当时的人，尤其是关中父老的心理承受力。二十万而已嘛，咱们今天生于和平年代，久不见刀兵，看个恐怖片，里面人头乱飞、血肉模糊的，都会吓得开灯睡，在处于乱世中的古人看来，是很可笑的。古书上屡屡提及，凡是经过一阵较长的太平岁月后，老百姓对血腥的忍受力就比较低，看见个人头会吓得魂飞魄散，所以古人渲染太平岁月的美好，会说百姓不曾见过斩下的人头。然而等到兵乱一来，尸体遍地，慢慢就会见怪不怪了。枕着尸体睡觉，也并不是什么难事。而在秦末，兵连祸结的年代，人们今天吃饱了，还不知道明天有没有命继续吃，对人命应该是很漠然的。所以古书中形容乱世将要到来，都说老百姓开始美衣甘食，把家里的东西拿到当铺去当个干净，天天吃喝玩乐，不再干活。因为大兵一来，九死一生，贼来如梳，官来如篦，吃到肚里的，才是最实在的。古代中国的老百姓，对命运是很有逆来顺受态度的，二十万人命，对他们实在只是一个冷冰冰的数字。据古书记载，有次屠城之后，老百姓互相见了面就问“你们家死了多少口人”，神情淡然，好像问死了多少只耗子。

而且，其实在传统社会，如果一个领袖不会杀人，大家反而不佩服。鲁迅就曾说：“我认识一个医生，忙的，但也常受病家的攻击，有一回，自解自谈道：‘要得称赞，最好是杀人，你把拿破仑和隋那（发明牛痘法防止天花的科学家）去比比看。’”

所以，说项羽坑杀二十万秦降卒惹怒了关中人，埋下了失败种子，这是想当然，没准关中百姓反而觉得项羽很豪迈，很有英雄气概呢。把坑杀人的后果看得那么严重，以为影响了政治走向，是我们现代人的思维。

这是从情理上来分析的，从史料来分析，也没有差别。被坑杀二十万，秦人难道会震惊吗？我看不会。长平之战，秦国坑杀了赵国降卒四十万，稍微有点良知的人心里也会想：只准你杀别人，不许别人杀你？不公道。秦国战胜六国后，大量征发六国年轻男子去服徭役、兵役，这些六国人路过关中的时候，经常被秦国人侮辱；后来秦国士卒二十万投降项羽，也被关东人侮辱，他们虽然觉得难受，却并没有抱怨关东人，说：“这帮家伙也太坏了，投降的士兵，难道就没有人权？何况我们是主动归降的，就算是伪军，也不该遭受这样的虐待。”司马迁却独独记载了这么一段话：

> 章将军诈吾属降诸侯，今能入关破秦，大善；即不能，诸侯虏吾属而东，秦又尽诛吾父母妻子。

可见，秦国士卒没有把祖国当一回事，倒是希望义军能顺利攻破咸阳，自己能平安回家，和父母妻子团聚。他们所担心的，反而是起义军不能打赢，那样，按照秦律，秦国政府会把他们的父母妻子杀光。对义军，他们并不怨恨，否则就不会说“今能入关破秦，大善”这样的话了。对秦朝政府，他们也谈不上恨，因为自古以来就是这样，并不会问一句“从来如此，便对吗”。他们纠结的只是，这场战争中，胜利方的不同，将导致不同的结局。他们只希望结局对自己的家人有利，实在不行，也只能怨命了。那些秦国士兵，也不过是被君王驱赶的一群牲畜样的杀人机器，本来就没有人格，谁强就供谁驱使，什么正义什么人道，根本没听过好吗。光凭这点，就不会对项羽有多大的仇恨，他们都遵循这样一条原则：愿赌服输。赢了，有资格杀别人；输了，引颈就戮。难过是难过的，但不会感到很冤。这就是文化心理，或者说国民性。

秦国人并不那么恨项羽，还可以从一件事上看出来。《史记》上写：“后数日，项羽乃屠咸阳，杀秦降王子婴，烧其宫室，三月不灭。收其宝货，略妇女而东。秦民失望。”

值得注意的是“秦民失望”四个字所透露出的信息。也就是说，在项羽烧宫室之前，秦民并没有对他失望，也并不排斥他。虽然刘邦之前约法三章，做得很好，但项羽如果能实行有效治理，他们也不是一定要将之拒于门外。谁统治不重要，关键是要稳定下来。就像鲁迅先生说的，大家要当稳奴隶。但项羽却一把火把咸阳烧了，还把金银细软和美女打包带走，这么做，就不是帝王的做法，而是打家劫舍的流寇了。

抢了就走，境界很低，搞得大家想当奴隶而不得，所以秦国人开始失望。也就是说，你蹂躏人民不要紧，但你不要转移财产。

即便在这种失望状态下，关中人也并没有放弃他们的努力。有一个叫韩生的知识分子还特意去劝说项羽："关中阻山带河，四塞之地，肥饶，可都以霸。"意思是，关中这个地方形势险峻，土地又肥饶，关上门就可以安稳当皇帝，千万别离开。

项羽也有点动心，但发现宫殿全部烧光了，就说："富贵不归故乡，如衣绣夜行。"执意要回乡。

有一点我们要注意，项羽"富贵不归故乡，如衣绣夜行"这句话，肯定不是他自己原创，而是当时的谚语或者格言，因为它是押韵的。当然，这句话现在读起来，已经不押韵了，今天我们把"夜行"的"行"读为 xíng，把"行列"的"行"读为 háng，但这其实是因为音变，用汉语拼音近似地表示，秦汉时这两个字的韵母都是 ang，用学术语言来说，它们都是匣母阳部字，只不过一个是一等字，一个是二等字，二等字在普通话中颚化了，所以才念 xíng。它们还是同源词，本意是道路，由"道路"的意思可以引申出"行走"的意思。

一个人平常说话，多半不会押韵，只有引用格言或者谚语时才会这样。我们知道，一些没有文字的民族，往往有口头流传的史诗，多半是押韵的，适合人们口耳相传。押韵，就是为了好记。而项羽说的这句，就明显是格言。

所以，我们不可把这句名言的发明权给项羽，而对这句格言的熟练引用，就反映了项羽的小家子气，是一种土财主心态，发迹了就要回老家盖个大宅子，显摆显摆。他就不想想，当了皇帝，家乡怎么会不知道他的风光？你可以学刘邦，回家乡视察视察，免去其租税，将其当作自己的汤沐邑，家乡父老难道不对你山呼万岁？你也可以学朱元璋，把家乡封为陪都，大兴基础建设，家乡父老还能忘了你是从这里走出去的？项羽这个回答，简直完全不像当初那个看到秦始皇，能够说出“彼可取而代也”的人。古人说，“天子以四海为家”，走到哪，都是故乡，这才有气魄。项羽却只记得他的原籍，境界太小。

他的猛将英布，打仗很厉害，但后来封王，也要求回到自己的故乡六，做九江王，境界也很小。从这点来看，项羽和英布可谓惺惺相惜。总之，项羽引用那句格言，说明他志向不够远大，没有当皇帝的格局。所以韩生一回家，就忍不住说了一句讥讽话：“人言楚人沐猴而冠耳，果然。”意思是，人家说楚国人像猕猴一样，就算戴个帽子，也终究不像个人。这句“地图炮”的话，后来传到了项羽耳朵里。项羽是楚国贵族后裔，很有些国族自豪感、乡土自豪感，这句话当即触到了他的敏感点，他勃然大怒，把韩生捉去，扔到鼎里，烹成了菜肴。

这一系列细节，都反映了秦国人的心态：我们没那么恨你，你只要愿在这做王，我们是很欢迎的。秦人并不把项羽看成恶魔，我们读史的时候千万别带入今人的感受。

此外，历史学家李开元说，击杀项羽的五个骑士都是关中籍贯，可以证明关中人对其怨恨之深。这个观点，其实也没有什么道理。众所周知，关中产马，刘邦的骑兵基本是关中人。当时刘邦在彭城战败，一路逃回，项羽的骑兵在后狂追，就是依靠关中骑兵在京索一带击退了项羽，否则刘邦基本没有再战的能力。当时刘邦麾下骑兵的首领本来是秦国降将李必、骆甲，只是因为这两人怕受到猜忌，才要求灌婴监护。当然刘邦军队中后来也有楼烦骑士和其他国家的骑士加入，包括燕国送的枭骑，但估计比例不会太大，他的基本盘，主要还是关中人。最后擒杀项羽的骑士五人都是关中籍贯，有何奇怪？

且五骑士之一吕马童与项羽有旧，他对同僚介绍项羽时说："此项王也。"不无尊敬的味道。否则他就该说："大家看好了，这个人，就是我们关中人民的死敌、血债累累的刽子手项羽。"而项羽的回答是："闻汉购我头千金，邑万户，吾为汝德。"遂自杀，也不无温良之意。何曾见吕马童恨项羽？说关中人恨极项羽，是说不过去的。

有人会说，项羽杀降，难道老百姓一点都不恨他？我认为，恨，多少有一点，但不会对历史的发展起决定作用。何况春秋战国以来，中国的军功，就是以杀人多少为评定标准。当然，杀降在战争伦理上会遭到一定的指责，但这种指责也一直很暧昧。汉代人提到秦始皇，说他“威震四海”，“今秦南面而王天下，是上有天子也。既元元之民冀得安其性命，莫不虚心而仰上。当此之时，专威定功，安危之本，在于此矣”。至少对他一统天下的做法，是持正面态度的，而秦国自商鞅以来，“尚首功”的残忍，都被暧昧地回避了。秦国人知道杀人就能得到奖励，就能获得良田美宅，所以听到打仗就开心，互相祝贺。这样的民风下，谁强大了都能受到崇拜，哪有什么是非？如果项羽愿意定居关中，他们多半是会拥护的。

史书上称刘邦宽大，实际上刘邦西进，也是一路屠城过来的。当时并没有什么战争伦理，不管是起义军还是秦军，都不懂得什么“三大纪律、八项注意”。陈胜的手下武臣就喜欢屠城，刘邦和项羽一起屠过城阳，刘邦自己屠过阳翟。刘邦后来听从南阳太守舍人陈恢的建议，才停止了这一做法。他也杀了不少秦国士兵，尤其是在进攻峣关的时候，开始和秦将签订了合约，后来又担心，光是秦将投降还不够，秦国士兵不一定听从，又撕毁合约，偷袭秦军，对没有防备的士兵展开杀戮。所以，要说血债，刘邦背负的关中百姓血债也不少，他们难道就不恨刘邦？还是愿赌服输，无话可说而已。

史书上确实记载了刘邦“约法三章”的事，但从出土的汉简法律文书来看，这个“约法三章”即使真的施行过，时间也有限，西汉前期的法律实际上完全继承了秦朝。史书上也写了刘邦不肯接受百姓馈赠、百姓都希望刘邦当秦王的话。但这些记载一则是胜利者写的，有多大的真实性很难说；二则就算秦国人更喜欢刘邦，也意义不大。秦朝的编户齐民制度，注定老百姓只是一盘散沙，他们喜欢谁不喜欢谁，无足轻重，谁能征发他们上阵，他们就会为谁卖命。一盘散沙的百姓，只服从强者，也不能不服从强者。

史书倒是提到过关中人恨章邯、司马欣、董翳，不过，这三人和项羽情况不同，他们是秦降将，本应担负保护关中人的职责，被恨是正常的，从中并不能推出，关中人也一样恨项羽。何况三秦王也并不希望项羽杀降，无能为力而已。而且，倘若刘邦后来没有反攻关中，三秦王统治个上百年，谁还记得他们的劣迹？

再来说说鸿门宴是不是像韩兆琦先生所言，只是一个段子。我认为，这一说法也没什么道理。

首先，我们不能因为司马迁没有亲身出现在那个场合，就认为这是虚构。众所周知，司马迁写《史记》，是行万里路，进行过实地采访的。史书上明确记载接受过他采访的就有樊哙的孙子樊他广，而樊哙正是鸿门宴的参与者，樊他广很可能从爷爷口中听说过这段故事。他在叙述中虽然有可能拔高自己爷爷的形象，但也不会太离谱。比如他就没吹自己的爷爷撞翻卫兵闯进去时，把项羽也吓得魂飞魄散，反而说项羽马上长跪起来，按住剑柄，喝问来者是谁，霸王的威猛栩栩如生。樊哙则马上恢复了理智，他站立的方式，司马迁写得很清楚，是西向立，这在当时是一种很卑屈的礼节。事实上，樊哙在项羽面前很紧张，项羽叫他喝酒他就喝酒，叫他吃生肉他就吃生肉，非常恭顺。

其次，一个历史事件，就算主要人物作者都没有亲见，甚至连他的儿孙、故旧都采访不到，是否就能断言，这事是作者瞎编呢？这个看法，经常被学者们提到，比如钱钟书先生在《管锥编》里就说："史家追叙真人实事，每须遥体人情，悬想事势，设身局中，潜心腔内，忖之度之，以揣以摩，庶几入情合理。盖与小说、院本之臆造人物、虚构境地，不尽同而可相通。"我以前也觉得有道理。后来我有位朋友提出异议说，看美剧《罗马》，可知贵族的身边总是有仆人跟随伺候的，甚至行房的时候也不例外，那么《左传》中，重耳在睡觉的时候，旁边也可能是有仆人的，睡前和老婆聊天说的话，未必不可能流传出去。看日本电影《黄昏清兵卫》，男主角穷得吃糠咽菜，身边依然跟随着一个仆人，只是仆人的衣衫比主人更褴褛罢了。《左传》里记载钼麑去刺杀赵盾，被赵盾的人格感动，选择自杀，他肯定也是带着仆人的。仆人可以负责收尸并向主人的家属汇报，钼麑自杀前说的话，未必不可能由仆人转述给他人。中国人离开贵族时代实在太悠远了，时移事异，很多具体情形恐怕是出乎我们想象的。

后人总是蔽于所习，疑所未睹，而这些怀疑实际上是缺乏理据的。

鸿门宴这么大的一件事，当时参与者那么多，大多是历史上威名赫赫的人物，司马迁既不可能，也没有必要去虚构。而且，司马迁的描写，细节活灵活现，对项羽等人座位的尊卑顺序、樊哙撞开项羽的卫兵后站立的方式，都交待得特别清楚，一句“西向立”，恰当地写出了樊哙头脑很清楚，知道要假装生气，但不能过火，因为真的惹怒了项羽，是没好果子吃的。这些细节的刻画，离开亲身经历者的叙说，只怕不会这么生动。所以，我认为，鸿门宴的故事并不是虚构的。

韩兆琦先生说，项羽没有杀刘邦，是不敢杀。我的看法也不同，我觉得主要还是项羽的性格问题。他是一个讲感情的人，曾和刘邦结为兄弟，现在兄弟对他服软，他就不能不起怜悯之心。他也是个多少讲点道理的人，关于这点，刘邦阵营的人估计也知道，所以樊哙才敢排闼而入，娓娓劝说。他曾经要杀刘邦的父亲，却因为项伯一番话打消了念头。他的多少讲点道理，除了贵族出身，要点脸之外，我想还有比较年轻的缘故，对政治的险恶还不够清楚。因为年轻，也容易被人讲的道理绕晕。他不是个无赖，见刘邦肯来谢罪，觉得再杀人家，说不过去，在其他诸侯面前，也显得小气。虽说后世有些人认为，政治家不用讲诚信，不用讲道义，欲加之罪，何患无辞，但就算是“辞”，也要花时间去罗织，而这超出了青年项羽的能力。当然，如果换了刘邦，只怕不会这么为难。

有人认为，还有一个原因，就是项羽比较自信，觉得就算留着刘邦，他也翻不了天去。这个说法，有一定道理。不过随着时间的推移，项羽也逐渐提高了警惕，所以才会把刘邦封到汉中，还专门把三个秦降将封为王，监视刘邦。但这三个秦王的能力比项羽差很多，手下人才也少，以致轻易被刘邦攻破。如果项羽能穿越三五年，来到乌江看看自己的结局，我想在鸿门宴上，他也是不会手软的。

第五讲 《史记》里的冷知识

《史记》里的冷知识，是网友留言要求我讲的。我开始并不能把握，什么是网友心目中的冷知识，因为有些知识对我来说不冷，对网友来说却是冷的。有网友说，秦汉时期人们吃什么、穿什么、住什么、怎么出行，对一般读者来说都是冷知识，因为非专业人士读历史，都是读故事，对古人的生活细节，知道得并不多，而普通的历史写手，也不是很懂这些，往往一笔带过。还有人说，谥号和庙号的区别、虎符能否造假、秦始皇的父亲是谁，这些问题也算。我认为这些都很简单，算不上冷，所以还是讲点《史记》里的衣食住行知识。

有了这些知识，古代社会才会活生生地出现在我们面前，我们读到的，才不是平面化的故事。有人说，读《三国演义》这样的历史小说，看着古代豪杰们攻城略地、杀人如麻，往往热血沸腾。我年轻时也是这样，后来读了一些出土的文献资料，看到普通人的生活细节，以及他们的悲欢离合，才逐渐感知到，每个人都是有血有肉的生命，都是吃了很多粮食，经历了很多事情，一步步艰难长大的，他们不应该成为演义小说中冷冰冰的数字，不应该仅仅作为几十万大军中的一个、斩首多少级中的一级而存在。而这些感触，只有在我们了解到他们卑微的日常生活，才会萌生。

首先讲吃喝。

秦汉时代可吃的东西种类，看那时的墓葬就知道。一般来说，达官贵人的墓葬都会埋些坛坛罐罐，里面装满当时能找到的所有食物。水果只有梅子、桃子、梨子、橘子、杏子、甜瓜等少数几样，它们的原生品种估计也不大好吃。什么西瓜、荔枝、龙眼、葡萄、香蕉、菠萝、火龙果、蓝莓、榴莲之类，都是后来传入的，当时人见不着。

蔬菜更少，一般就是葵菜，或者一种叫“藿”的豆叶。《史记·张仪列传》里讲：“民之食大抵菽饭藿羹。”就是用豆子当饭，豆叶做汤。而饮食中没有辣椒，简直要了当今大部分中国人的命。有人问我，那时有没有藕，据说藕是从南亚传入的，秦汉时代还没有。这是不对的，战国时代的包山楚简中，就明白出现了“藕”字，只是写法和今天不同。马王堆汉墓中出土过藕。司马相如的《上林赋》：“唼喋菁藻，咀嚼菱藕。”但东汉许慎的《说文解字》中，却没有“藕”字，大概是漏掉了。因为藕不过是莲花的块状根，有莲花就该有藕，莲花在《诗经》里就提到了：“山有扶苏，隰有荷华。”荷华，就是荷花。

所以穿越到那个时代，如果你是一个吃货，会很痛苦。葡萄是在汉武帝时代传入的。《三辅黄图·甘泉宫》记载：“葡萄宫在上林苑西，汉哀帝元寿二年，单于来朝，以太岁厌胜所，舍之此宫也。”《汉书·匈奴传下》载此事，作“蒲萄宫”。荔枝那时叫“挟荔”，在西汉时代，肯定是很稀罕的东西，汉武帝在陕西韩城建了一座行宫，就取名为“挟荔宫”，大概也是因为喜欢吃而尝试种过。荔枝虽然好吃，在北方却是种不活的。大家都知道唐代杜牧写过“一骑红尘妃子笑，无人知是荔枝来”，其实这不是首创，汉代就有从岭南快马送荔枝的记载，也是沿途不断换马，路上还累死不少。我有时想，如果那些荔枝喜欢旅游的话，肯定很快乐。在那个交通不方便的时代，谁能享受到全国旅游的幸福呢？何况路上还受到无微不至的照顾。如果荔枝有大脑，写写沿途见闻，那该是多么有意思的记录。

这类水果对帝王来说如此重要，但对一般的老百姓来说，有没有它们，关系不大，反正也买不起。我小时候看到电影里，两个人对坐交谈，桌上铺着桌布，摆着一盘红彤彤的苹果，总觉得是瞎编。如果有苹果，怎么可能摆在桌上不被吃掉？荒唐。古代的大多数人，比我小时候还穷，这是肯定的。

按理说，只要肯花力气，种点果树总可以吧？只是果实往往还没熟，就会被人偷摘掉。那时水果的品种也不好，不会太好吃。反正不吃水果也不会死，它在古代普通人的生活中也就无足轻重了。

有一样东西，对老百姓来说，不吃不行，自己又种不出来，那就是盐。古书以及一些历史题材文学作品，给过我们一个很深刻的印象，就是盐在人民群众的生活中，是重中之重。所以古代的帝王，只要敛财，就会施行盐类专卖。汉景帝时，吴王刘濞带头起兵造反，为什么？因为吴国最富裕，最有实力。而其富裕的原因，就是吴国靠海，有煮盐之便。通过垄断盐的产经销，吴国政府积累了巨大的财富，以至于可以不向百姓收税，也因此得到了百姓的拥护，且有财力吸引、豢养大批国外流亡“人才”。

汉武帝想武力征服匈奴，于是在元狩四年（前118），在全国范围内推行盐业官卖制度。产盐郡县一律设置盐官，由政府提供设备，招募百姓制盐，成品盐由国家统一定价收购，实行专卖，私人不许插足，国家也因此积累了巨大财富，才能维持攻打匈奴的巨大花费。汉昭帝时，国家动荡，百姓贫困不堪，为了休养生息，政府专门召开过盐铁会议，讨论盐、铁等项要不要继续由官府专卖的问题，讨论结果是，仅仅废除了全国酒类专卖和关内铁官，盐业专卖依旧。而在历史小说和武侠小说中，盐商总是最有钱的一群人，他们眠花宿柳，买爵贩官，纸醉金迷，一掷千金。

古代的法律简，规定了各级公务员出差时的待遇，除了米之外，还必须列上盐的数量。《睡虎地秦简·传食律》：“上造以下到官佐、史毋爵者，及卜、史、司御、寺、府，粝米一斗，有菜羹，盐廿二分升二。”专门提到伙食供应中，含有多少盐，可见其珍贵。现在因为科学发达，制盐不难，我们对盐的重要性已很难形成感性认识。

我们现在买的盐，都是袋装的、细细的，像白沙一样，但我小时候见过颗粒状的、淡青色半透明的粗盐。那种盐，在古代应该很普遍。《周礼·天官·盐人》里介绍了四种盐：苦盐、散盐、形盐、饴盐。所谓苦盐，就是没有经过专门炼制提纯的盐。苦，在古代是“低劣”“粗糙”的意思。散盐，是经过炼制提纯的盐。散，有碎的意思，可以引申为细密。也有古注认为，苦盐是盐池里出的盐，散盐是煮海水所得的盐。这两种解释都有道理，是从不同角度来说的。盐池里出的盐，颗粒要大些，显得粗；煮海水所得的盐，经过蒸发过滤程序，颗粒较细。祭祀时，两种盐都要提供。因为祭祀重朴质，要献上粗盐，显得庄重；而招待宾客，则要端上形盐和散盐。所谓形盐，就是把盐捏成老虎的形状，显得美观贵气。至于饴盐，是一种有甜味的盐，像饴糖一样，这个，我想象不出来，不知道具体怎么回事。总之，如果你穿越到秦汉时代达官贵人的家里，会发现他们家的盐都是艺术品。

再讲讲穿和住。记得在日本旅游，古代建筑都是木地板，要脱了鞋才能进去。地板色泽黯淡，凸起处被磨得发亮，充满沧桑感，且伸出廊外，悬离地面，隔绝湿气。室内满目整洁干净。我一下子联想起苏州园林。中国自宋后，屋子里的主流是铺设砖石，不需要精心擦拭，这就使得很多人不爱惜居家环境，甚至在室内随意吐痰，可惜了那曲曲屏山、幽深院宇、茂密藤蔓，园林之美，和室内清洁度不相匹配。

其实中国上古，有钱人家也是铺木地板的，当时的生活方式要求必须如此。古人的礼仪，进屋不但要脱鞋，还要脱袜，穿着鞋袜进屋，属于不讲礼貌。皇宫就更讲究了，那时上朝，大殿外摆着一排排鞋袜，非常壮观。据史书记载，秦二世胡亥还只是公子哥的时候，和兄弟们一起召大臣饮酒，其他兄弟都按照礼仪，一丝不苟，独胡亥顽皮，偷偷跑下堂去，研究门口一排排的鞋子。比较便宜的鞋，他就置之不理；若有华贵点的，他就狠狠踏上去，嘟囔道："叫你嘚瑟，叫你嘚瑟。"这样的记载，估计是故意丑化胡亥，显得他从小就不是个好东西，但我觉得不至于。

古代的布袜很难看，而且左右脚不分，没有弹性，不能自己箍在脚踝上，所以袜子上都得附着带子，穿上后，要把带子系紧，否则它会像牛粪一样坍塌下来，露出人的两根胫骨，像剥了皮的竹笋。《史记·张释之列传》记载，西汉文帝时的廷尉（相当于最高法院院长）张释之，人品非常好。有一次上朝，他旁边有个叫王生的平民老头，因为有点学问，也被召进宫面见。一伙人站在庭院中等待，王生突然回头，对张释之说："喂，我老人家的袜带松了，你反正没事，给我系系。"张释之二话不说就跪下来，帮老头把袜带系好，看到袜子上沾满白花花的老皮屑，还顺便帮老头抖了抖。消息一传开，大家更加敬重张释之了。一个人做到廷尉，却能跪下来给一个平民老头系袜带，这心胸和人格，确实达到了一定境界。这么看来，在古代，袜子有时还能成为装腔作势的道具。我们现在没有要系袜带的袜子，但如果穿一双必须系鞋带的鞋子，而故意不系紧，效果也是一样的。

秦汉时代没有椅子，大家都是跪坐在席子上。甲骨文里，“跪”字就写成一个人膝盖着地的样子（见下图），“坐”字也差不多，因为古代坐和跪是一回事，所以混用，古音也接近。

跪的正确姿势，是屁股靠着脚跟，膝盖向前。如果跪而不靠，就叫长跪，也叫膝席，就是膝盖对着席子的意思。《史记·魏其武安侯列传》写魏其侯窦婴失势后，参加丞相田蚡的宴会。田蚡劝酒，所有人都离开席子，伏在地上；一会儿窦婴劝酒，只有稀稀拉拉几个老朋友离开席子，其他人依旧赖在席子上，只是膝席，也就是长跪而已。古代人为什么跪坐呢？为什么连给人系一下袜带都要跪下，而不是蹲着呢？因为秦汉人都穿裙子，里面是开裆裤，一蹲下就春光泄漏了。

就像现在农村聚餐，还讲尊卑之位一样，那时的席子如何坐也有一定的规矩，一般是四个人合坐一张，因为席子的大小有一定的规制，而安排座次时，必须让最年长的那位坐在席首。如果正好五个人呢，就不能再挤着坐了，得让最年长那人，一人独坐一席。能独坐一席，是很大的荣耀。汉武帝时，大将军卫青养了很多门客，有一次带着一伙仆从和门客去拜见平阳公主，平阳公主的管家就安排卫青的仆从门客们坐在一起吃饭。其中两个门客，一个叫任安，一个叫田叔，自以为才华横溢，不屑跟寻常仆从坐在一席，各自拔出腰刀，把席子割断，表示自家有资格独坐一席。平阳公主的管家脾气也太好，没有控告他们携带管制刀具，破坏公主家财物，寻衅滋事，甚至没有要他们赔席子。

顺便说一下，任安和田叔，这两个人其实都是穷鬼。后来朝廷想选拔后备干部人才，要大臣们举荐自己的部属门客，卫青就推荐了这两人。但那时做官，要自费置办新衣和其他必需品，卫青知道他们置办不起，气得不行，还大骂了他们一通。但后来这两人都当上了大官，估计是有人风险投资，送了钱给他们。

秦汉时代的人坐席子，都坐在席子中央，但碰到不好的事情，就要坐在席子的边缘。你要是去做客，看见主人坐在席子边缘，就知道对方心情不佳，或者是朋友死了，或者是蒙受了什么损失。《史记》里说万石君石庆一生侍奉刘邦，倒马桶铺床，十分谨慎，从来没出过一个小错。他之所以叫万石君，是因为他的四个儿子个个都是“省部级”高官，薪水各两千石，加上他自己的两千石，一门薪俸高达万石。他治家很严，子孙中有人犯了错，他也不斥责，而是“为便坐”，怄气。这个“便”字和“偏”“边”是同源词，方便的，就是不正式的，也就是“偏”的。所以颜师古解释说：“便坐，于便侧之处，非正室也。”古代皇帝碰到大灾难，也要改在偏殿办公。《史记》里说，汉景帝听说七国发兵要清君侧之后，立刻穿上白衣服，“避正殿”，发布镇压诏书。反正古代的“侧”字，往往表示不好的、污秽的、需要遮蔽的，所以拉屎的地方也叫“厕”，“厕”和“侧”是同源词，本义大概是隐蔽的地方。《史记》里讲万石君的儿子当了郎中令，是很大的官了，但是每五天一回家，还要给老爹洗马桶。马桶，原文称“厕牏”。有的古注说“厕牏”本来是遮板的意思，可知古代厕所的得名，正取“隐蔽”之义。

在秦汉时代，出行是很困难的。不像我们现在不管到哪里都有宾馆住，大多数人出门都要自己挑着米带着干粮，甚至还要带着锅。《史记·蔡泽传》里说：“去之赵，见逐；入韩、魏，遇夺釜鬲于途。”这段话本身，并不是介绍那时候的物质文明，而是阐述自己的精神痛苦，但我们读者大可以从字里行间去窥视当时的社会情状。他的意思是，因为长久失业，不得已离开家乡，去赵国打工，却被人家赶出来；于是改道韩国和魏国，却在路上遇到强盗，连锅都被抢去了。可见蔡泽先生四处求职全靠两条腿走，还随身挑着粮食和锅碗瓢盆，非常狼狈。你想想，现在的人，如果携带这么多的行李，哪还有兴致旅游？可见，那时当个纵横家很不容易，身体不好是不行的。只有等你游说成功，才能有车坐，有人跟随伺候。《史记》里写到苏秦终于游说成功，获得六国的相印，嫂子像蛇一样在地上爬，爬到他身边来献媚。他问："你为什么前倨后恭啊？"这嫂子倒豪爽，也不扭扭捏捏，而是直截了当："因为您现在既有地位又有钱啊！"在战国末年和秦汉时代，身份地位是比家庭人伦优先级更高的。刘邦当了皇帝，就可以不讲亲情了，他老爸都要给他当门童，抱着一把笤帚，一边给他扫地，一边往后退。

说到当纵横家四处跑，不但要身体好，还要运气佳，因为随时可能碰到强盗。真碰上了，像蔡泽那样，被抢了锅算好的，丢了命也不稀奇。汉文帝的小舅子窦少君，小时候就被抢过，被卖给一个黑煤窑老板当苦力。有一天晚上，奴工们躺在坡下睡觉，半夜突然发生山体滑坡，所有人都压死了，他命大，没死，这才逃了出来。

总之，那时人贩子很多，你走在外面，一不小心，就会被人捉去，变成人家的货物，运到远处换钱。汉初有位大将军叫栾布，也被卖过。他是梁（今河南开封一带）人，年轻时和著名强盗彭越是好友。栾布家里很穷，就从家乡跑到外地打工，在一家酒店找到了工作，专门卖酒。干得好好的，谁知突然有天两眼一黑，被人用袋子蒙住头，运到燕国，也就是现在的北京市，卖给一户人家。后来他因为替新主人报仇，得到燕王的赏识，咸鱼翻身，被拜为都尉、将军。这说明什么？说明栾布智勇双全，同时也说明人贩子很不简单，连栾布这样的豪杰都能绑架卖掉，可见那时候人口买卖业之发达，已经吸引了全国各地的精英，他们在那个交通特别不发达的年代，长途跋涉，用一种特殊的方式，促进人才流动。

那时奴婢可以买卖，一般一万到两万钱一个，还不如马贵，但地位略高，家主杀自己的马，别人管不着，但杀奴婢就有点麻烦，不是绝对不许杀，而是要到政府备案，这叫“谒杀”。《史记·田儋传》里说，田儋想造反，准备干掉县令，但怎么干呢，总得先见到县令，他想了一个办法，绑住家里的一个奴仆，带着一群同伙去县政府，声称要“谒杀”这个奴仆。结果县令一出来，田儋就冲上去把他杀了，提着首级，宣布起义。

讲到古人的旅行，我们还要知道，当时就算有车，也非常不便，因为没有水泥路，都是泥巴地，就连皇帝出巡，也只能把路面临时修治一下，免得车走起来颠簸得太厉害，让皇帝不舒服。当然，官道的泥巴路面，都是夯筑过的，一般来说，还算结实，而且皇帝的专用道路，一般人是不许走的，不会被其他人的车轮子压坏。在秦汉时代的长安城，街道一分为三，中间那道空荡荡的大路，一个人也没有，两边则熙熙攘攘，挤满了精瘦的、囚首丧面的人。为什么中间大路没人呢？因为那是天子驰道，皇帝专用，普通人走上去，会立刻被抓走，不死也得脱层皮。那要过街怎么办？得走到道路尽头，从人行横道通过，连皇帝的儿子都不敢违规穿越马路。当然，皇帝如果特别喜欢谁，可以特许他走。汉武帝时，“有诏得令乳母乘车行驰道中”，就是让他的奶妈有这项特权。如果奶妈有文化，可以专门刻个印章“钦赐驰道专行大乳母”。

不光是长安城，全国都有驰道，也都普遍分三道，但没有长安那么讲究。我们现在的高速公路，每隔若干公里就会立块牌子；在当时，驰道也要丈量，道两边种高大的树木，到了特定的节点，会在树上标明，离长安还有多远，离某某县还有多远。皇帝出巡前，凡是靠近驰道的县城，都会接到命令，专门重新修治驰道。驰道的交通地位大概相当于现在的铁路，有驰道经过的县，肯定要发达一些。据《周礼》记载，当时的官道边，还经常有坟墓，都是崭新的坟墓。为什么？古代医药不发达，古人长途旅行，吃错一点东西都可能腹泻不止，性命不保，甚或走在官道上，突然扑通一声栽倒，就死掉了。当时的官府，会暂且把尸体埋在道边，立个木牌，写上死亡时间、所穿衣服颜色，等候亲人寻访。有时想想，蛮吓人的。清代人的笔记也记载过这类事情，可见这一习俗的源远流长。

秦汉时代，官道上的绿化搞得不错。《史记》里说，秦代的驰道两旁，每隔一段路，就种上松树。晋代的官道，据左思的《三都赋》，种的是槐树。这种标明道里的树，严禁砍伐，所以往往隔几十年，就枝叶参天，遮住太阳，夏天非常宜人。路边也有些卖小吃的，当然未必干净。

卖小吃的，可别小看。我很小就经常听我爸爸念叨：“不管什么年头，无商不富。”后来看史书发现，确实，任何朝代，种田人都是穷鬼，但做生意的，哪怕只是卖点针头线脑，也有可能暴富。《史记》中，那些卖点酱、卖点油、卖点果脯什么的人，都能富比王侯。《货殖列传》说：“洒削，薄技也，而郅氏鼎食。”“洒削”是什么意思？有人说是洒水磨刀，有人说是整治刀鞘，我怀疑读为“洗濯”，不管怎么样，都是小技艺。靠这种小生意，能过上钟鸣鼎食的生活，简直不可思议，但却是事实。

不过古代有个很大的麻烦，就是再有钱，也不一定过得舒心，因为医药太不发达了，人生了病，纯粹拼基因，一不小心就不治身亡。当时连给疖子、痈疽消毒的红汞、蓝汞都没有，得了这些玩意的话，怎么办呢？一般人肯定想不到，最好的办法，是用嘴吸吮。《史记》里记载，吴起做将军，非常得士卒死力，所以每战必胜。为什么？就因为他非常关心普通士卒。曾经有一个士卒患了疽，吴起二话不说，挽起袖子俯下身，嘴巴凑到士卒的毒疮上，聚精会神地吸吮起来，很快就两颊鼓鼓，使劲一喷，地上金黄的脓液珠翻滚。他站起来，用袖子擦擦嘴，拍拍士卒的肩膀，说：“好了，涂上草药，裹起来。包好。”

但这种疽，也不是都能吮吸好的。范增是项羽的亚父，擅长计谋，刘邦对他很忌惮，就施展反间计，导致他被项羽猜疑。范增秉性刚直，一怒之下，就写了封辞职信，满以为项羽会挽留他，谁知得到的答复是“同意”，怒气郁结，背上很快长了个大疮。这种疮在当时叫“背疽”，其实就是急性化脓性感染，在今天只要手术排脓，辅以抗生素消炎，即可痊愈，但范增还没走到彭城，就因大疮毒性发作，含恨死去。他那么大的官，肯定不缺人吸吮，但估计他年纪大了，身体素质已经不佳，有人吸吮也无济于事。

说起发财，大家都感兴趣。有网友问我，战国时代，各国的货币是怎么换算的。这些《史记》里都没有记载过，不好讲。黄金的价值基本取决于自身重量。比如楚国常用的黄金货币，就是在金版上，均匀地打上“郢称”二字的印章，共十六个为一版，掰下一个印章，就是一块小金版，正好是当时的一两。一块金版则为一斤，楚国人称为一镒。古代字书上说一镒等于二十两或者二十四两，是不对的，当时的一两，大约相当于现在的半两。“镒”和“斤”是同源词，也就是一个词的不同写法。其关系，相当于“斤”在我们普通话中读为 jīn，但是广东话的发音近似于汉语拼音的 gēn。如果广东是一个国家，有独立发展的书面语，它可能就不会用“斤”字来表示这个含义，而会写成“根”。当然，广东话中“斤”“根”本来就是同音字，所以他们也有不换写法的可能。

黄金作为货币，在不同国家之间流通，价值是基本稳定的，不可能在一块黄金上，随便标注面值。铜币则不完全遵循这个规矩，往往面值和重量相差很远，那就难以跨境流通了。因此，各国使者互相聘问，礼物都是黄金白玉，不会带铜币，因为后者价值不稳定。

秦汉时代的货币就规范一些。据《史记》记载，汉文帝想建造一座露台，要花百金。百金到底是多少钱？根据岳麓秦简，一斤黄金可兑换的铜钱大约是九千三百多枚，而《汉书·食货志》说黄金一斤值万钱，略有差别。秦国的钱面值通常是半两或者两锱，这两者的重量其实是一样的，相当于十二铢。那时的一斤为十六两，相当于现在的二百五十克，那么一两在十六克左右，半两就是八克。根据出土的秦国半两钱实际称量，确实约等于八克。中山靖王刘胜及妻子墓共出土金饼六十九枚，重十六至十八克。说明一枚金饼相当于一两黄金。海昏侯墓出土的马蹄金，一枚二百五十克，正好相当于一斤黄金。秦朝一枚钱半两，而汉武帝之后，大多是五铢钱，分量不到秦钱的一半，折算成黄金，却和秦朝相差无几，说明黄金价格还下降了。

汉代的物价，一般的马，每匹要十斤黄金，也就是十万块钱。好的马，一匹百金也是可能的。所以，普通人大概都是买不起马的。《史记·平准书》里写，物价飞涨，马一匹百金。米价一般一石是几十块，但发生战乱的时候，会涨到五千到一万，所以生活随时可能陷入艰难。那时工资很低，根据睡虎地秦简，一般民工每月收入只有二百四十块钱，“公务员”也没好多少，像刘邦曾经做过的亭长，月薪只有六百块钱，而且这一工资水平上百年没涨，西汉成帝绥和年间才增到九百块。县令是六百石的高干，月薪相当于六千块，也不够买一匹马。而且那时“公务员”编制很少，县令的幕僚，大多是自己出钱雇用的，也是一笔不小的开支。当然，县令有些合法的额外收入，可以搞点私人小金库，这种金库有专门人打理，称为“少府”。《史记》里说刘邦去给县令送贺礼，张口就是一万钱，相当于他一年半的收入，所以大家就很吃惊。要知道，他后来接受任务押解民工去咸阳的时候，同事给他饯行，一般也就送两百块，萧何独独送他三百，多一百块钱，他一辈子都记在心里。那时一斗酒四十块，相当于现在的两百毫升，刘邦天天去酒馆喝酒，估计每次都得喝上一斗，靠他微薄的工资，是绝对喝不起的，所以他都赊账。

第六讲　完璧归赵的故事

完璧归赵的故事，发生在赵惠文王时期。赵惠文王赵何，生于约公元前309年，死于公元前266年，父亲是赫赫有名的赵武灵王。他在位三十三年，第十六年，也就是公元前283年，廉颇率赵军伐齐，大破齐师，攻取阳晋（今河南郸城县西），威震诸侯，被拜为上卿。

在这前不久，公元前299年，楚怀王被秦王骗到武关扣留，三年后，愤懑而死。这件事在国际上影响很大，大家从此都知道，秦国连伪装也不要了，赤膊上阵，变成了彻头彻尾的流氓，非常可怕。当然，秦国自己并不这么认为，在这个时期，秦国有一篇著名的石刻，《诅楚文》，装作很无辜的样子，破口辱骂楚国，说楚王无耻，老是向他们挑衅。当然，这是流氓惯用的招数，一点都不奇怪。

“完璧归赵”的“璧”，其实来自楚国。据《韩非子》记载，楚国人卞和在楚山（今湖北南漳县历山）中，获得了珍贵的玉石，这种未经雕琢的玉石，叫做“璞”。卞和把它奉献给了楚厉王。楚厉王让雕琢玉器的专家鉴别，专家说：“不过是一块石头，哪里是什么玉。”厉王认为卞和欺骗自己，依法砍掉了卞和的左足。厉王驾崩后，武王即位，卞和不甘心，又把玉璧献给武王。武王再次让专家鉴定，结果还是“一块石头而已”。武王当然也很愤怒，又砍去了卞和的右足。

武王驾崩后，文王即位，卞和抱着他的玉石在楚山下哭，哭了三天三夜，眼泪流尽，继之以血。文王听到后，派人问他：“天下受到刖刑的人很多，为什么唯独你哭得这么伤心？”卞和说：“我不是为遭受刖刑而伤心，我是因为美玉得不到正确鉴定，忠贞之人被视为骗子。”文王于是派良工剖开他那块玉石，只见内里灿烂夺目，果然是一块美玉，于是命名为“和氏璧”。它也叫卞氏璧，见于《文选》注；又叫咼氏璧，见于《淮南子》。“咼”“和”古音很近，在上古都是歌部字。在此顺便普及一点音韵学知识，我们南昌话，“禾”“和”

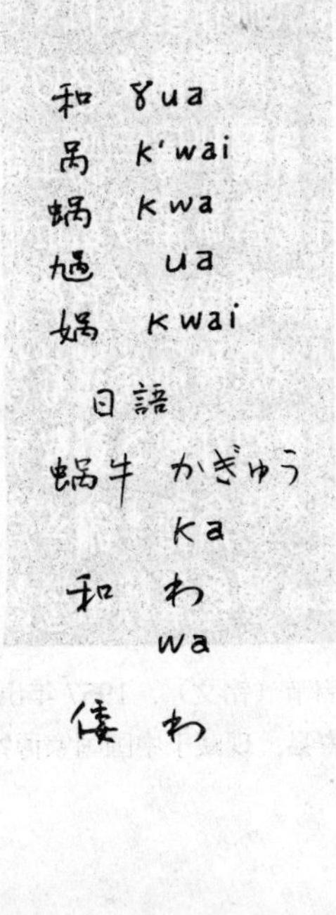

都念wō，和古音接近。日语音读wa，历史层次更古。

接下来我们讨论几个问题。

这块璧原先属于楚国，是怎么到赵国的？是从楚国购买的，还是抢来的，司马迁没有说。我小时候看过一本演义书，说楚王因为令尹（相当于宰相）昭阳有功，把和氏璧赐给了他。

昭阳是楚国有名的将军。楚怀王六年（前322），他为了送流亡在楚的魏公子高回魏当太子，率军伐魏，大败魏军于襄陵（今河南睢县一带）。这件事很大，楚国人特意把它当成

鄂君启节（铭文），1957年出土于
安徽寿县，现藏于中国国家博物馆

纪年标志，包山楚简和出土于战国楚境的鄂君启节都有明确记载。

《史记·张仪列传》里，确实记载了张仪在昭阳家里吃饭，席上发生了玉璧不翼而飞的事件：

张仪已学，游说诸侯。尝从楚相饮，已而楚相亡璧，门下意张仪，曰："仪贫无行，必此盗相君之璧。"共执张仪，掠笞数百，不服，醳之。其妻曰："嘻！子毋读书游说，安得此辱乎？"张仪谓其妻曰："视吾舌尚在不？"其妻笑曰："舌在也。"仪曰："足矣。"

大致意思是，张仪学业完成后，开始到处游说诸侯。曾经在楚国令尹昭阳家吃饭，昭阳很嘚瑟，把和氏璧传给大家看，谁知道后来玉璧不翼而飞。大家都说是张仪偷了，因为他们中间张仪最穷，穷的人，肯定品德不好。于是一起把张仪绑起来，打了一通，但也没找到证据，只好放了。张仪遍体鳞伤回家，见到老婆，问自己的舌头还在不在。老婆说，还在。张仪说，那就行。后来张仪去秦国，当上了大官，狠狠报复了楚国。

文中昭阳丢的玉璧，到底是不是和氏璧，就值得怀疑。所以，演义只能姑妄听之，不可全信。史书上也没有明确说和氏璧怎么到了赵国，大概是买的，或者是送的，总之不可能是抢的。如果写小说的话，这里可以大做文章。

秦王政十年（前237），李斯在《谏逐客书》中提到“今陛下致昆山之玉，有随、和之宝”。“随、和之宝”，即“随侯之珠”与“和氏之璧”这两件当时很著名的宝物。很可能后来赵国畏惧秦国的强大，还是把和氏璧送给了秦王，当然，也可能是文学家的信口开河。

廉颇和蔺相如先后当过赵国的丞相。廉颇的出身，史书上没有记载，从他后来被迫流亡魏国、楚国，却对赵国念念不忘来看，应该是赵国贵族。六国是贵族社会，当将军的，一般不会是平民出身。蔺相如也不像是普通人家出身。蔺是赵国有名的城市，后世出土的赵国布币，有不少是蔺地铸造的（见本讲彩图）。估计他是当地贵族的子弟。

下面我们分析故事。

赵国获得了和氏璧，秦国表示希望用十五座城池来换这件宝物。发生了楚怀王被骗入秦，遭到拘禁而死的事件后，赵国根本不相信秦国会用城池换璧，但又不敢不回复。因为秦国是流氓，又身强力壮，惹不起。秦国的流氓手段包含两种：

1. 行骗式。
2. 大打出手式。

当时的国际气候是，秦国肆无忌惮耍流氓，诸侯都知道他在耍流氓，他也知道诸侯都知道他在耍流氓，诸侯也都知道他知道大家知道他在耍流氓，但是毫无办法，还得硬着头皮去应付。也就是说，这个故事发生在秦国肆无忌惮地行骗兼恫吓的国际背景下。而更悲哀的是，尽管秦国这个国际流氓，败坏了中华大地的道德风尚，但因为它最后耍流氓成功，反而被后世很多人景仰，全然忘了它的卑鄙无耻。

如何回复秦国，有两种选择：

1. 不想交换。
2. 可以交换，但是要合法办理交换手续。

按理说，赵国知道秦国不可信，直接回绝就行了，不能强买强卖嘛，但蔺相如是这么说的：

秦以城求璧而赵不许，曲在赵。赵予璧而秦不予赵城，曲在秦。

就是说，秦国用十五座城换璧，赵国必须愿意，否则赵国就理亏。这本来没有什么道理，你用城换，我不愿做这个交易，天经地义，说我不答应交易就理亏，这就奇怪了。世上没有强买强卖的道理。赵国又不是一个给民众发言权的国家，否则，赵国人倒是会有一个舆论，说君主不该为了一块璧而放弃得到十五座城池的机会。当然了，如果赵国真尊重民众意见，也不会同意秦国把十五个城池的民众当成牲畜一样换来换去。

总之，蔺相如所谓理亏的说法，是没有什么道理的。这说明强权主义思想已经深入人心。就像一个大流氓，他装作礼貌给你一个明显不会兑现但又似乎很有“诚意”的交换条件，旁人觉得你一定要给面子，不答应就是辜负了流氓的一片盛情，这就很可怕。只能说明在战国时代，不断的攻伐战争，让人们已经丧失了正义感和是非心。倒是一个纵横家编造的故事《唐雎不辱使命》，还保留了一点正常人思维。唐雎代表安陵君拒绝了秦王以十倍之地换取安陵国土的要求，理由是，土地是先王传下来的，不想换。你愿意出大价钱，但爷不乐意，怎么了？这才是正常思维。

但在流氓的强权下，没有理可讲，不管怎样，赵国必须派人去送璧。其实本来还有别的选择，比如先派个使者去说明，找个中间地方，约好国际观察员，合法交换，但蔺相如没有提出这项建议。我觉得他可能有点私心，想博一把，就是说，他早想好了，豁出命去，在秦王面前悲壮一回，因为富贵险中求，过了这个村，就没这个店了。这也许是当时纵横家教科书里的秘诀，蔺相如应该学过。

蔺相如立下誓言，人在璧在，赵王也就满意，派了他去。

其实赵王也会想，何不想个稳妥点的办法？这肯定是肉包子打狗，有去无回啊。但他没有阻止，估计有几个原因：

1. 他太害怕秦国了，希望赶紧把这事了结，哪怕是璧白送了。

2. 蔺相如给他发了誓，完璧归赵，似乎可以放心。

3. 他有贪欲，且心存侥幸。万一成功了呢？那可是笔好买卖啊。

秦王当然不会傻到真用十五个城换璧，流氓是耍定了的。他在偏殿接待蔺相如，蔺相如一看阵势，就知道不可靠，对方根本没重视他。蔺相如捧着玉璧献上，秦王把璧传示给左右臣僚及后宫美女，他们都很开心，高呼“万岁”。当时妇女地位低下，一般不能出现在公共场合，尤其是接见别国使者的正式外交场合。秦王让一帮后宫妇女出席，还大呼小叫，把朝堂搞得跟菜市场似的，明显就是羞辱使者。蔺相如一下就明白怎么回事了，假意说：“玉璧有一处瑕疵，请让我指给大王看。”秦王把玉璧交还给蔺相如，蔺相如突然持璧后退，倚着柱子，对秦王高声斥责：“我来之前，我们国君和群臣就有疑虑，给了您玉璧，您不给我们城池怎么办。我说，秦王不至于如此，普通老百姓都不会这样言而无信，何况秦王这样响当当的贵族。所以赵王才斋戒五天，派我来到秦国。

谁知我来之后，大王不在正殿接见，傲慢无礼，拿了璧，传送给美人观看，嘻嘻哈哈，有戏弄之意。我觉得大王不会交付城池，所以把璧取回。如果大王想武力夺取，那么今天就让玉璧和我的头一起在这柱子上碰碎。”说着做出一副马上要撞柱的样子。

秦王被吓住了，立刻找来有关官员，展开地图，假装指示给蔺相如看，说准备交付哪十五座城池。蔺相如察言观色，感觉秦王并无诚意，于是说：“和氏璧是天下之宝，人所共知。我们赵王害怕秦国，不敢不献，送璧时曾斋戒五日，因此大王受璧，也该斋戒五日，并把各国的宾客、使节都召集起来观礼，我才敢把璧献上。”

蔺相如作为一个聪明人，虽然没换到城池，也不会有多失望。顺利换到了十五城，对他来说并没有太大好处，城池再多，他又没份，也显不出有多大功劳；他说不定反而希望秦王耍流氓，这样他也可以用流氓手段反制，虽然危险很大，但万一成功，功劳就大了。

蔺相如这个人确实聪明，知道事情要成功，还必须揣摩对秦王的心思，并且对璧的价值有信心。他去见秦王，不可能带武器，无法劫持秦王，劫持了也没啥用，反而自己理亏。所以完璧归赵这个故事，要成立的话，就得有个前提：秦王非常在乎这块璧，也非常有信心把这块璧收入囊中。就像晋献公伐虢一样，先用马和璧贿赂虞国，最后回师时顺便把虞给灭了。他还幽默地说："璧犹是也，马齿长矣。"意思是，璧依旧是那块璧，但马长了几岁。弱者的痛苦，变成了强者的玩笑。

缺了上面两个条件中的任何一个，蔺相如的命就得丢在秦国了。所以，当他用计把璧重新弄到手中之后，就佯装要摔碎。因为璧的价值确实高，秦王果然舍不得它碎，蔺相如的冒险成功了。

秦王假装答应蔺相如的条件，斋戒五日，再行交换。蔺相如不会傻到还相信他，既然冒险已经完成，就赶紧把璧偷偷送走，这样部下自然会把自己的悲壮行为转告赵王，就算自己把命丢在秦国，子孙也能因此获得封赏，因为完璧归赵的使命完成了，自己没有吹牛。何况下一场赌局，自己仍有胜利的可能。秦王会不会恼羞成怒杀了他？当然会，而且可能性很大，因为让流氓下不来台，得到饶恕的可能性是很小的。

蔺相如空手上殿，说："秦国自穆公以来的二十多位君主，没有一个讲信用的，我怕被您欺骗，有负于赵国，因此已经让人带着璧偷偷回国了。如果您真有诚意，就先把十五座城池割给赵国，赵国是弱国，敢不把璧献上吗？我自知已经欺骗了大王，任由大王处置。"

秦王和群臣"相视而嘻"。"嘻"这个词，在古书上有赞美、叹息、遗憾、惊异、愤怒等多个意思，但在这里，一群流氓坐在大殿上，没想到碰到一个同样要流氓的，我觉得这个“嘻”，主要还是惊怒的意思，估计还带点尴尬。这场接见，秦国朝堂上的一班流氓已经排练很久了，就是要羞辱赵国人，告诉他们，我们要耍流氓了，你只能眼睁睁看着。结果蔺相如豁了出去，反而把流氓镇住了。

说真的，我想不出来秦王最后放过蔺相如的任何理由。杀了蔺相如，固然是暴露流氓本性，但他本来就不在乎形象，何况他还可以说，自己本来诚心诚意，是蔺相如欺骗他，找死。我觉得秦王放过蔺相如，纯粹是一时心血来潮，没有什么理由。

蔺相如赌赢了，回国后如愿以偿，被封为上大夫，起码是“正部级”。

总之，这个看上去完全不可能的任务之所以能完成，侥幸成功的因素是很大的。我们最后归纳一下：

1. 秦王太喜欢这块璧了。
2. 秦王一时良心发现。

第一条，可以预测；第二条，无法预测。蔺相如成功的原因，聪明的因素占百分之五十，其他一半全靠天意。

第七讲　战争是艺术，杀人是技术

——《史记》里的战争

战争，是人类解决问题最粗暴的方式，有人类就有冲突，有冲突就有可能升级为战争。社会结构越简单，越容易发生冲突，人们为了各自利益展开争夺，最后难免会诉诸暴力。反而是国家产生之后，个体的暴力大大减少，因为他恃强凌弱的话，会造成一定的后果，官府会对付他。在法治国家，个体之间的暴力尤其少。至于国与国之间的战争，一般来说，尊重民众利益的国家较少发动战争。绝对君主制的国家为什么容易发动战争？因为单个人的脾气和情绪是无法揣测的，而且这样的国家为了利益，有时不得不发动战争，转移矛盾。秦国就是这样，以秦国的穷困，不一直发动战争，就没法不断给老百姓赐爵位田宅，内部矛盾就会加大。所以，那时的百姓，就是秦王的蛐蛐，必须输送出去斗一斗，等到六国都消灭了，没有蛐蛐斗了，秦国就垮台了。

至于战争的方式，我们知道，春秋时期主要是车战，规模较小，出动五百辆以上的兵车，就算大战役了。按照古人记载的战车最高人员配备标准，五百辆兵车相当于三四万人，实际上还未必有这么多。那时的战争，也相对文明。主战者都是贵族，不同国家的贵族之间，往往有亲戚关系，所以比较彬彬有礼。获胜的一方上前捕捉敌方主帅，还要来一番外交措辞，说自己水平不高，但被君王派来，不能不履行义务，现在不小心碰到了您，请您给个面子，跟我回去。

到了战国时代，就没那么客气了。战争都是征发平民当主力，当炮灰，作战双方互相根本不认识，语言都不通，谁还客气？斩首数万的情况，就很常见了。春秋时代打仗，国君多半亲自上战场，冲在第一线，好像下国际象棋；战国时代的国君，不但不亲自上战场，连前线也不见得去看一下，都是躲在宫殿里享福，怀里搂抱的，也可能依旧是敌对国家的王室女子，派去送死的都是泥腿子，好像下中国象棋。春秋时候的战争，即使抓住了国君，一般也会谈判，签订合约，就放回去；战国时代的君主，一般抓不到，等抓到的时候，那个国家就基本被灭了。

所以一般认为，战国时代礼崩乐坏，统治阶层唯利是图，兵法也是这个时候开始盛行的。最早的《孙子兵法》，作者孙武就是春秋末年人。兵法的出现，预示着战国时代的到来，大家在战场上再也不讲什么客气了，因为大家都不是贵族，相互都不熟，都是炮灰。

其实，春秋时代虽然战争规模不大，但后世兵法的基本精髓，在此期就已经基本形成了。打仗本身，其实没有什么稀奇的，实力之外，所谓的兵法阴谋，本质上就那么几招，就看应用得怎么样罢了。只要双方都不犯大错，要取得最后胜利，还得靠国力。

《孙子兵法》中，很多最实用的战术，其实都来自《左传》，下面举例说明。

首先讲渡河作战。在《孙子·行军篇》中，有这么一句话："客绝水而来，勿迎之于水内，令半济而击之。"就是说，如果敌人渡河而来，别等他们渡完再打，而要乘他们渡到一半，猝然开火，分分钟搞定。

看到这句时，大家想必会想到楚汉时期的两个著名战例，一个的主角是刘邦和曹咎，另一个的主角是韩信和龙且。

先说第一个。项羽和刘邦在荥阳、成皋一带相持，刘邦打不过项羽，于是派本家刘贾、好朋友卢绾率领两万步兵、数百骑兵，东行从白马津渡河，和东边另一支"反楚游击队"的司令彭越接头，创建"敌后根据地"，采用游击战术，时时骚扰楚军，破坏楚军的粮食运输线和战略设施。

这一招很有效，楚军的给养顿成问题，来回灭火，疲于奔命；而彭越游击队力量日渐壮大，发展到公然进攻楚国的城邑，相继攻下了睢阳、外黄等十七座城池。当地楚国驻军都不是彭越的对手，他俨然从游击队首领变成了一方诸侯，开国称孤，要和楚国逐鹿中原了。项羽本来在前线坐卧不安，听到彭越坐大，反而松了一口气。为什么？你打游击，我确实拿你没办法，但你要跟我野战，一决雌雄，我就可以凭实力碾压你了。他决定亲自剿匪，临行前，对自己的部下大司马曹咎说："曹将军，你帮我好好守住成皋，如果汉兵来挑战，千万别理，只要让他们无法东进一步，就算达到目的了。给我十五天，我就可以击破彭越，到时再回来对付汉军。"

项羽前脚走，刘邦后脚就围住了成皋。曹咎开始还听项羽的话，紧闭城门，不肯出战。刘邦不甘心，派人天天辱骂，汉语中最难听的词，没有一个落下的。曹咎终于按捺不住，下令士卒东渡汜水出击，要跟刘邦决一死战。才渡了一半，汉兵箭矢齐发，楚兵在水中避无可避，死伤无数。汉兵趁势渡河全线出击，大破楚兵。曹咎无颜再见项羽，在汜水边自刎。刘邦顺利攻占成皋，而成皋有当时最大的军粮储备基地——敖仓，楚兵失去敖仓，遂一蹶不振。

很显然，项羽精通兵法，深知渡河出击，肯定会被汉军全歼，可惜却不能识人，否则怎么会把这么重大的事，托付给一个窝囊废呢？说曹咎是个窝囊废，可能有点不精确。那时的将领恐怕没有不读《孙子兵法》的，曹咎也不例外。不能渡河主动出击，是尽人皆知的军事常识，但又不是不能变通的军事守则，否则如何攻城略地？难道孙权封锁了长江，曹操就不南征了？曹操是失败了，但是杜预成功了呀。所以，能不能渡河出击，要具体分析。我们看看韩信怎么渡江作战的。

刘邦被项羽堵在成皋的时候，败多胜少，虽然萧何不断征发关中兵源，给他输送补给，也总是无济于事，只能苦苦抵挡项羽的进攻，无还手之力。这个时候，有人向他推荐韩信，刘邦决定，派韩信单独率领一支军队，去开辟第二战场，以谋求从后面迂回夹击项羽。但要开辟第二战场，首先要拿下魏国。

刘邦不但拜韩信为大将，还把心腹悍将灌婴、曹参拨给他，一起进攻魏国。韩信其实有点心慌，问郦食其："魏国不会让周叔为大将吧？"郦食其说："怎么，这个人很厉害？"韩信讷讷地说："反正我没把握胜他。"郦食其道："放心，大将是柏直。"韩信笑了："那傻子啊，容易对付。"于是下令进兵临晋。

魏豹也赶忙发兵抵拒，两军在蒲坂对峙。蒲坂在黄河的东边，今天属于山西；临晋在黄河的西边，今天属于陕西。魏军只要守住蒲坂，让韩信渡不了黄河，就能无忧。但韩信自有他的一套办法。

韩信下令一部分军队假装就地渡河，以迷惑魏军；另派主力沿黄河上溯，从夏阳（今陕西韩城南）偷偷渡河。没有那么多的渡船怎么办？每个人腰间缚一个木质的大缶，以浮在水面上。而对面并无重兵防守，所以这支队伍轻松登岸，撒开脚板就南下袭击魏国重镇安邑。

魏王豹正全神贯注防备对岸临晋的汉军，听到消息，立刻回兵救援安邑，两军交战，魏军大败。而临晋的军队在曹参的率领下，也趁机渡河，在东张（今陕西永济北）大破魏军，斩魏将孙遬。汉兵两军联合击破安邑，俘虏魏将王襄。魏王豹南逃至曲阳（今河北曲阳），曹参在后紧追不舍，在东垣（今河北石家庄东）将其活捉，又还击魏都平阳（今山西临汾西南），将魏王豹的父母妻子全部俘虏。

韩信的这次渡河作战，才叫聪明。人家对面重兵防守，你又没有军舰飞机护航，如何登陆？二战中，美国有那么强大的兵力，在奥马哈海滩登陆，还损失重大，完全靠着国力的雄厚，才最终打赢了战争。所以说，兵法的精髓，在于灵活运用。

项羽的另一个大将龙且，在潍水边被韩信用几乎同样的战术干了个底朝天，搞得项羽的日子彻底进入了倒计时。

当时，龙且与韩信夹潍水布阵。水东为楚军，水西为汉军。韩信先派人在潍水上游扔了数万沙袋，将潍水堵住，下游水量因此大大减少，然后派少量兵渡河佯攻。我估计当时龙且坐在观战台上，会喜得抓耳挠腮，对手下吹嘘："孙子有云：'客绝水而来，勿迎之于水内，令半济而击之。'韩信这点都不知道，怎么用兵？刘邦啊刘邦，你派来这么个窝囊废跟我玩，看我不玩死你。"

汉兵刚渡到一半，果然假装败走。在这种情况下，龙且很高兴，下令楚兵全线出击。

龙且的手下有没有聪明的？或许有，或许没有。聪明的当中，也分两类，一类是胆大、忠诚、骨鲠的，一类是胆小、明哲保身的。在这种时候，大多数人都知道，劝谏会让将军扫兴，将军扫了兴，对自己没好处。只有胆大骨鲠的，才敢说两句。我想他们肯定会这么说："将军，韩信出道不久，就灭魏擒赵破齐，威震天下，项王现在都把他视为劲敌，将军切莫轻心。这回他主动派兵渡河，很可能是阴谋，打魏国和赵国的时候，他都是这样干的。在魏国临晋对面的口岸，他假装畏惧，不敢渡河，神不知鬼不觉地绕道韩城渡河去了。在井陉口，他率兵和赵国鏖战，在双方厮杀得不分胜负的时候，假装很害怕，鸣金撤退，还扔掉大将旗鼓，仓皇逃窜。赵兵得意洋洋，以为汉兵不足惧，都蹲在地上捡战利品。谁知韩信派了两千骑兵，偷偷攻陷赵军大营。赵军丢了老巢，当即崩溃。示弱可是这个家伙的一贯伎俩，将军千万不要上当。"

谁知龙且回答："韩信那家伙，我很早就认识，是个如假包换的胆小鬼，当年天天在洗衣服的老太婆那里混饭吃，还被街头牛二威胁钻裤裆。对付魏王豹、赵相陈余，他的水平是够了，碰到我龙且，他就不管用了。放心给我打。我们多准备盾牌弓弩，他就算射箭，咱也不怕。"于是楚军全线渡河，追击韩信。

可韩信这回不射箭，他的人前天晚上就在上游放置了很多沙袋，堵住了流水，这时立刻传令上游士兵将沙袋挪开，让水流汹涌而下。楚兵渡到水中央，河水暴溢，大部分立刻成了水鬼。还在岸上的士卒心胆俱裂，四散奔逃。韩信这才全面进军，大败楚兵，斩杀龙且。

龙且也许知道渡河进攻很危险，也做了一些准备，但他不知变通，韩信将战例稍微改进，仍然可以让他上当。龙且也不是窝囊废，曾经率兵征讨九江王英布，把英布打得溃不成军。要知道，英布是秦末悍将，连刘邦都怕他，项羽也很器重他，能打败英布的，当然不是一般人。

其实类似战例在春秋时代起码已经出现过两次。

公元前 627 年，晋国的阳处父侵略蔡国，楚国派子上发兵救援，两军夹泜水相遇，谁都不敢轻举妄动。阳处父派人对子上说："你如果想打，我可以先退兵，让你先渡河，渡完再打，否则，你先退，让我渡河再打。"子上信以为真，傻乎乎想渡河，还好被参谋大孙伯拦住了："不行，要是他不讲信用，我们刚渡一半，他就开火，我们就全完了。您不如让他们渡河。"于是子上让阳处父先渡。阳处父假装答应，楚军也如约撤退，似乎要等待晋军全部渡河再战。谁知阳处父也不傻，马上宣布："楚国人吓跑了，我们也走吧。"拔营就逃。

其实子上不应该差点犯这个错误。早在十一年前，被毛泽东称为"蠢猪似的仁义道德"的宋襄公，就因为在泓水放弃这个战术而被楚军打败。当时宋军已经列好队，而楚军还在渡河，宋军司马劝宋襄公："他们人多，我们人少，趁他们没渡完，立刻进攻，还有胜算。”宋襄公竟然回答：“这怎么行？太下流了，我做不到。”楚军全部渡河，还没排好阵，宋襄公的手下又劝：“趁他们立足未稳，立刻进攻，还有胜算。”他仍旧拒绝：“不行，我不乘人之危。”等楚军从容排好战阵，宋襄公才说：“可以了，上。”结果一败涂地，本人也被一支箭射中大腿，后来伤口感染而死。

这些故事在《左传》中，记载得比《史记》详细，如果熟读这些战例，碰到类似情况，就应该知道怎么做才能胜利。而且《左传》比《孙子兵法》更形象，更有趣味。当年关羽夜读《春秋》，也许并不仅仅读经文，也读《左传》；杜预熟读《左传》，一战吞吴，也不是书呆子。

鲁定公四年（前506），吴、楚两国交锋，新兴的吴国一举击败了老牌霸主楚国。楚军逃到柏举，觉得这样不行，又回头和吴军对阵，再次被打得大败，继续溃逃。结果迎面一条大河挡住了去路，楚军傻了眼。

谁知吴国军队反而不进击了，吴王阖闾的弟弟夫概是这么说的：“困兽犹斗，况人乎？若知不免而致死，必败我。若使先济者知免，后者慕之，蔑有斗心矣。半济而后可击也。”意思是，困兽还知道拼死一斗，何况人呢？如果楚军知道必死，势必个个拼命，我们哪里吃得消？不如暂缓进军，让他们以为可以逃跑。等他们渡了一半，剩下的必然都想跟着渡河，就不会有斗志了，那时我们再出击不迟。

这段话很有意思，和我们前面所说的战术有相通之处。前面几个战例说明的是，两军隔河对峙，先渡河出击者必败，这回则是先渡河逃跑者必败。河，真是一个可以充分利用的好东西。

当然，这个战例最重要的教训还包括，一定要避免敌人背水一战。夫概确实懂得打仗。项羽和韩信，都充分学习过这个战例。《孙子兵法》里也记载了这种打法，《九地》篇说："帅与之（士兵）期，如登高而去其梯。帅与之深入诸侯之地，而发其机。焚舟破釜。若驱群羊，驱而往，驱而来，莫知所之。聚三军之众，投之于险，此谓将军之事也。"

这段话是说，将军带兵，就像把人引上高处，再抽掉他们的梯子。带领他们深入外国，要用破釜沉舟的方式激起他们的斗志。就像驱赶一群羊，羊们根本不配知道自己将到哪里去。把军队部署在危险的地方，这才是将军该做的事。

这是赤裸裸的功利主义宝典，读后我们应该清醒认识到，做一个普通士兵是多么可怜！在将军眼里，他们从来不配被当人看待，让他们最大限度发挥主观能动性的办法，就是把他们投到绝境。水边，就是最有利于激发战斗力的绝境之一。如果士兵深陷沼泽或者山谷，有力也无处使，而水边空旷，是将军成名的最理想之地。

公元前 207 年，秦国名将王离率领三十万精兵，围住了赵国的巨鹿城。诸侯率兵去救，却都慑于王离的军威，只敢远远观望。项羽也被楚国派出，去营救巨鹿，他击杀了犹豫不决的主将宋义，率领所有的兵马渡过黄河，之后把船全部凿沉，锅碗瓢盆砸了个稀烂，帐篷烧了个精光，工兵、火头兵全部改装为战斗兵，不成功，便成仁。王离军奋勇迎战，可是楚军已经不要命，以一当十，九次合战，王离的关中精锐再也支撑不住，大败。项羽一战成名，诸侯们见了他都腿脚发软，奉他为上将军。

这其实也是种背水一战，当然，韩信的那次更典型。公元前 204 年，韩信奉刘邦的命令进攻赵国。赵军堵住了井陉口，号称二十万。赵将李左车劝主将陈余，韩信兵精，不可硬碰，应当利用地势，深沟高壁，拖死汉兵。谁知陈余是个脑残，嗤之以鼻。韩信大喜，率领军队出井陉，命令一万人先出击，渡过绵蔓水，背水为阵。赵国普通士兵当然不懂兵法，都哈哈大笑："哪有这么布阵的，我们往前一挤，你们不是都要变成鱼鳖了吗？真蠢。"

脑残陈余虽然号称儒侠，在江湖混了多年，但对兵法一无所知，令己方精锐齐出，与汉兵厮杀。韩信假装害怕，鸣金撤退，扔掉大将旗鼓，仓皇逃入背水为阵的那支万人军。赵兵争先恐后上前抢掠厮杀，汉兵背水，躲无可躲，都拼死战斗。赵军人数估计有汉军的十倍，竟不能取胜。韩信又派人暗暗偷袭赵军老巢，两边夹攻，将赵国二十万精锐全歼。

战后，汉军将领都想知道，韩信这样冒险，为什么竟能成功，疑惑地问：“将军，兵法上说‘右背山陵，前左水泽’，也就是说，打仗一定要背靠高山，在必要时可以负隅顽抗，营前要有水，让敌军不能靠近。将军却让我们背水为阵，一旦不利，士兵都要被敌军赶入江中喂鱼。没听过您这种打法啊，能不能说说秘诀？”

韩信笑道：“我这种打法也是出自《孙子》啊，只是你们没悟到罢了。《孙子》说：‘陷之死地而后生，置之亡地而后存。’我韩信不是出身世家大族，也没有当过多久的将军，手下这些兵不但没受过什么训练，也没有得过我多少恩惠，怎么可能发自心底地愿意为我卖命呢？我其实等于‘驱市人而战之’啊。一群乌合之众，如果不把他们投到死地，让他们绝境图存，他们岂肯拼命？要是在平原广隰，我怕他们稍微遇到点挫折就全跑光了。”众将皆说：“将军真厉害，不服不行啊。”

兵书枯燥，连贵族项羽都懒得学完，何况那些泥腿子。其实只要办个培训班，给大老粗们讲讲春秋到秦汉的战例，寓教于乐，效果是一样的。清兵入关前，将领们也没什么文化，都以《三国演义》为兵书，一样能征善战。曹操真的没必要硬着头皮去注什么《孙子兵法》，节选战例，教诲下属，岂不轻松？

当然，不管从什么书学兵法都不能胶柱鼓瑟，得权衡自己的实力。当年项羽只率区区三万特种兵，就将刘邦五十六万大军像赶鸭子似的赶入大河，淹死二十多万，那时汉兵怎么不背水一战了？所以，还是霍去病说得对：“顾方略何如耳，不至学古兵法。”兵书是要看，但只要懂得精髓就行，真正上阵，还得灵活运用，尤其要有实力支撑。霍去病就是完全靠大汉的国家实力，才屡屡成功。大漠之中，一望无际，没有河流，也无遮挡，两兵相遇，只能硬拼，这时候，就看谁的兵多、谁的给养充足了。

就像我们前面说的，韩信虽然背水一战，成功了，但最后的成功其实并不取决于背水一战，而是靠他之前所派亲自挑选的两千轻骑。他给每个人发了一面红色的旗帜，说：“你们从小路出发，躲在山里遥望赵军营寨。一旦发现赵兵齐出追逐我军，你们就立刻驰入赵军壁垒，拔掉他们的旗帜，换上我们的旗帜。”又吩咐偏将：“给我传令下去，杀猪宰羊，明天击破赵军后回来会餐。”

追逐韩信的赵军见仓促间不能取胜，想回到自己军营先填饱肚子再说，谁知转头一看，自己的营寨已经插满了汉军旗帜，大惊失色，以为汉军已经俘获了赵王，顿时丧失了斗志，像蟑螂一样四处乱跑。赵国督战队虽然极力阻止，也没有办法控制乱局。于是汉兵前后夹击，赵军大败。陈余带着赵王向南逃窜，在泜水边被汉军追上，再战，依旧大败，轻松被汉兵割了脑袋，赵王歇则被生擒。

这个战术，韩信在垓下之战中又用了一次，也就是四面楚歌。这个计策史书上虽然没有明写出自韩信，但按照背水一战那个战役来看，肯定出自韩信的谋划，两者都是通过心理战获胜的例子。

所以，韩信的厉害在于活学活用，而且不拘一格，综合使用多重计策。背水一战起码包括四重策略：第一重是示弱。第二重是扔掉财物，吸引敌方士兵注意。大家打仗都是为了发财，战场上有钱捡，谁也不会不捡。第三重才是把人搞得陷入绝境，只能拼命。第四重是心理战术，摧毁敌人的信心。

后来的战争，大多也是采取这些办法。东汉末年的建宁元年（168）春，段颎带兵一万多人，携带十五天的粮草，从彭阳奔赴高平，与先零诸种战于逢义山。羌兵多，段颎的部队害怕起来。段颎命令军中拉紧弓弦，磨快刀枪。长矛三重，挟以强弩，左右两翼，布置轻骑。他激励兵将说："现在我们离家几千里。前进，事业就成功；逃走，死路一条。大家努力博取功名吧！"于是兵将们大声喊叫，踊跃上阵，段颎驰马在旁，突然袭击，大败羌军，共斩首八千余级，获牛、马、羊二十八万头。这其实也是变相的背水一战。

示弱的方法也是后人常用的，比如孙膑的增兵减灶，为大家所熟知。东汉的虞诩也用过此计。公元 115 年，邓太后听说虞诩有将帅的韬略，任命他为武都太守。数千羌军在陈仓的崤谷拦截虞诩。虞诩得知后，立即下令部队停止前进，宣称："我已上书请求援兵，等援兵到后，再动身出发。"

羌军听说以后，分头前往邻县劫掠。虞诩乘羌军兵力分散的机会，日夜兼程行进了一百余里。他让官兵每人各造两个灶，以后每日增加一倍。于是羌军不敢逼近。有人问虞诩："以前孙膑使用过减灶计，而您却增加灶的数量；兵法说每日行军不应超过三十里，以保存将士体力，防备不测，而您如今却每天行军将近二百里，这是什么道理？"

虞诩说："敌军兵多，我军兵少，走慢了容易被追上，走快了对方便不能察知我军的底细。敌军见我军的灶数日益增多，必定以为郡兵已来接应。我军人数既多，行动又快，敌军必然不敢追赶。孙膑有意向敌人示弱，我现在有意向敌人示强，这是由于形势不同。"这就是对兵法的灵活运用。

再比如延熹五年（162），长沙、零陵叛军七八千人攻入桂阳、苍梧、南海、交阯，交阯刺史、苍梧太守都望风而逃。朝廷派遣御史中丞盛修募兵讨伐，无法攻克。豫章艾县的六百多人，应募后没有得到赏赐，愤怨之下，举众造反，焚烧长沙诸郡县的府库，攻占益阳，杀其县令，来附人数越来越多。朝廷派谒者马睦、督荆州刺史刘度进击，结果失败，二人都逃走。于是朝廷任命度尚为荆州刺史。度尚到任后，招募少数民族的军队，严明赏罚，与将士同甘共苦，身先士卒，奋力进击，大破叛军。叛军投降的有数万人，桂阳的叛军首领卜阳、潘鸿畏惧度尚，都跑到山谷之中，躲藏了起来。

度尚率军穷追数百里，攻入南海界，击破三屯，缴获许多珍宝。但卜阳、潘鸿的主力仍在，度尚想要再次进攻，将士却日渐没有士气。这是什么原因呢？因为他们打仗是为了发财，大家屡战屡胜，抢了那么多钱，都不想打了，想留着命回去花钱。

在这种情况下，如果度尚逼迫，反而可能激起兵变。于是度尚想了一个计策。有一天，他说放假，让大家到处去玩。那些士兵开开心心玩完回来，发现营帐失火，自家的财产全被烧得一点不剩，个个悲痛嚎哭。度尚就借机激励他们："这算什么？更多更好的财物，敌人手里还有很多，只要大家愿意，保管个个发财。"

将士们一听，擦擦眼泪："领导，我们明天就去吧。"士气别提有多高昂了。这是反用韩信战术的例子。

项羽和韩信的军事才华哪个强？从楚汉战争的战例可以看出，项羽和韩信运用《孙子兵法》，都很厉害，他们在军事谋略方面，应该是差不多的。而项羽作战风格更勇悍，军队士气肯定更高。如果兵力相差不多，而两人相遇，只怕韩信很难幸免。

第八讲　军师谋略

军师谋略，和上一讲中的战争手段，有点容易混淆，因为战争手段的施展通常离不开军师谋略的运用。不过《孙子兵法》上说："上兵伐谋，其次伐交，其次伐兵。"对于国与国之间的争斗来说，朝堂庙算最重要，真到了双方上战场的地步，都是被逼无奈。我在第一讲说过，战争虽然靠谋略，但主要比拼的还是国力。比如苏秦分析秦和赵、魏、韩的战争，后者就算打赢了，也会大伤元气，因为炮灰没有秦国多，人家消耗得起，你不行。楚汉战争中，刘邦如果不在荥阳、京、索一线持久扛住项羽的进攻，有一百个韩信也没用呀。而他为什么能扛住项羽呢？因为萧何把关中治理得不错，能充分利用秦国制度和文化传统中有益于战争的因素，最大功率地汲取资源，从而源源不断将关中的炮灰送上前线，填补刘邦的亏空。所以，在战役中，谋略虽然能发挥作用，但也有限，比拼的关键还是国力。

不过需要注意，我说的这个国力，不完全指国家财富的总数，也不是什么 GDP，这些当然也要考虑，但如果你的政权不能把这些财富汲取到，转换为战争资源，就一钱不值。所以，虽然东方六国普遍比秦国富裕，也最终被秦国打垮，因为六国从百姓中汲取（或者说得更刻薄一点，是榨取）资源的能力不行。当然，国家榨取能力和共治下族群的文化心理、文化传统有关，秦国的国民普遍吃苦耐劳，承受苦难的能力超强，因为秦国的国民构成，本来就和东方六国不一样，后来又融合了很多游牧民族人口，加上商鞅的驯服，基本上成为一丛丛韭菜。他们可以忍受非人的榨取，而东方六国人不行。这就是国力，体现在操作层面上，就是政治，也就是庙堂之算。

据考古发掘，秦国的兵器制造技术，是六国当中最差的，到了战国末期，还大量使用青铜兵器，而关东六国早已装备铁器了。铁器比青铜器锋利坚硬，这是人尽皆知的事实。古书上谈到战国时代的兵器出产国，最有名的是韩，《史记·苏秦列传》里说："天下之强弓劲弩皆从韩出。溪子、少府时力、距来（当为末）者，皆射六百步之外。"

但韩国却是战国七雄中除燕国外最弱的国家，也是最早被灭的国家。这有地理位置的因素，韩国很富裕，但四面受敌；而秦国是四塞之国，只要封锁函谷关，就可以高枕无忧。当然，更重要的原因是秦国的政体比较野蛮，政府做事也没底线，在冷兵器时代的竞争中，更容易占据优势。我们看古书上讲到的那些名将，似乎有一个共同特点：对兵好。《史记·司马穰苴列传》记载，齐国大军事家司马穰苴，"士卒次舍、井灶饮食、问疾医药，身自拊循之。悉取将军之资粮享士卒，身与士卒平分粮食，最比其羸弱者"。意思是，亲自视察士兵宿舍，亲切慰问，把自己分得的高级食品都散给士兵分享，自己去吃士兵食堂，而且打最便宜的菜。他这样治军，果然效果显著，“病者皆求行，争奋出为之赴战”，也就是说，军中不但没装病的，连真病的，都挣扎着从床上起来，要为他卖命，把晋国、燕国军队吓得够呛，未交锋就拔营而逃。

另一军事大师吴起也是这样。“起之为将，与士卒最下者同衣食。卧不设席，行不骑乘，亲裹赢粮，与士卒分劳苦。卒有病疽者，起为吮之。”意思是，吴起做将军，和最低级的列兵吃一样的食物，也不骑高头大马，干粮都自己背。士卒有生病长疮的，吴起亲自为他吸吮。这样做的效果也很好，“将三军，使士卒乐死，敌国不敢谋”，也就是说士卒们都以为他赴死为乐，这仗不打赢很难。

赵将李牧也没有什么新花样，他每天都杀猪宰羊犒赏士兵，所以士兵很愿意为他卖命。汉朝有个叫魏尚的，同样深知这种办法，他做云中太守，“其军市租尽以飨士卒，出私养钱，五日一椎牛，飨宾客军吏舍人，是以匈奴远避，不近云中之塞”。意思是他把太守所应该享受的福利待遇（军市租），都分给士卒，五天杀一次牛，分给军中中层，所以部队战斗力很强，匈奴人吓得远避，根本不敢靠近他的辖区。

这些人的做法都很有效果，但商鞅肯定对之不屑一顾：“这样当将军，太苦太累，难道人一辈子奋斗，就为了吃苦受罪？”他的同志韩非曾讲过一个道理，倘若发生火灾，用奖赏的方式鼓动百姓救火，效果不一定好，因为还有富人或者不那么爱钱的人，不稀罕这些奖赏，何况，官府也没这么多钱可赏。但如果换一种思维，下令凡是不救火的全部判刑甚至斩首，就没人敢不卖力。同理，商鞅肯定会认为，与其通过私恩来激励将士卖力，不如以严刑峻法让他们不得不卖力。秦国的成功经验，其实就在于把普通百姓都逼到了悬崖，逼到了水边，你能不卖命吗？换句话说，其他将军的背水一战，只是在战场上使用，在军事上使用，商鞅却在内政上使用，把政治军事化，也就是军国化。这样的制度，在打仗上是很能造成优势的，但也因此缺乏应有的柔韧性，超过了一定强度，就会土崩瓦解。

有人可能会说，将军对士兵必须懂得体恤，否则不得人心，打不了胜仗。这可不一定。比如汉代被封为冠军侯的青年将军霍去病，就从来不与士卒同甘共苦，在他的军中，狗马可以吃细粮精肉，士卒却会饥寒而死，但没妨碍他无战不胜。再比如唐代的名将哥舒翰，战功累累，被封为西平郡王，但《新唐书》上说他“为人严而少恩，军行未尝恤士饥寒，有啖民椹者，痛笞辱之。监军李大宜在军中，不治事，与将士樗蒱、饮酒、弹箜篌琵琶为乐，而士米粅不餍”。唐代拓边是很勇猛的，高适的诗歌中，却写道：“将士军前半死生，美人帐下犹歌舞。”可见将军骄横、士卒饥寒，是当时军中常态。高适曾经在边塞军中任职，这些“负能量”的内容，如果不是大家习以为常，他也不敢妄写。但因为唐朝疆域广阔、底子厚，所以不管怎么折腾，总还能打胜仗，毕竟对手大多穷，经不起消耗。

当然，秦国在严刑峻法的同时，也推行赏赐制度，在现实中大约是赏一罚九的比例。“手上没有一把米，叫鸡都不来。”秦国人也需要这把米，但米要控制数量，多了就不值钱了。而且，秦朝撒出去的米，不是来自于王室或官府，而是通过对外战争，胁迫大家去抢。一旦没有对外战争，矛盾就要激化，国家就会内崩。

所以，秦国的成功，其实主要不是军事的成功，而是政治的成功。我说的这个“成功”，并不是褒义词，因为不管秦国的疆域扩展到多大，也不能给秦国境内的编户齐民带来什么好处。秦国其实就是一个牢笼，它每拓展一寸土地，就是扩大了一寸牢笼。这个牢笼从关中扩大到岭南，对关中的百姓来说，不过是多了一群群和自己一样悲惨的同类而已。秦朝建立的目的，并不是为疆域内的每一个个体谋求福祉。

但这的确可以说是真正的庙算。商鞅洞悉人性，懂得如何最大限度地榨取资源，激发人的主观能动性。他是秦孝公的好智囊，却是普通人的噩梦，他偷走了绝大多数人的幸福，包括他自己的。只是他这种庙算，在东方六国很难成功，因为六国的文化传统、文化心理与秦不一样。我一直认为，一个国家的政体，是其文化传统和文化心理的外在表现形式。

要改变一个民族的文化心理，要靠文化观念的重塑和文化思想的灌输，其间必须有一定的武力作为后盾，这就是所谓的“教化”。秦国不知礼仪，信奉弱肉强食，所以商鞅的庙算在秦国能快速成功，如果换到别的国家，要收到同样的效果，恐怕要花几代人的时间。

上述是国内政治，至于国际关系，秦国也有庙算，比如“远交近攻”，比如“连横”，比如“反间计”。“远交近攻”的计策很有名，是范雎向秦昭王建议的，其实并没有什么了不起，我感觉不太蠢的国家都会这么做，事实上其他国家也是这么做的。秦国一直搞连横，联合东方某些国家，来对付其他国家；但东方某些国家，也搞合纵来跟秦国对抗，最厉害的一次竟然攻进了函谷关。可惜合纵国都有私心，最终被秦国各个击破。最有名的一次，是张仪欺骗楚怀王说秦国打算归还楚国商於之地六百里，怀王贪婪，竟然相信，由此撕毁了楚国和齐国的盟约，秦国又唆使三晋进攻楚国，差点把楚国打残了。

反间计最厉害，一般用在战争前夕或者具体战役过程中。比如长平之战，秦军感觉廉颇是块硬骨头，于是放出风去，说自己最害怕赵括。赵王信以为真，就换掉廉颇，改拜赵括为将军，结果被秦军坑杀四十万。赵国拜李牧为将，连破秦军，于是秦国收买赵王宠臣郭开多，捕杀李牧，使赵改任颜聚为将，最终灭亡了赵国。接下来秦国收买了齐王的宠臣后胜，后胜劝齐王独善其身，不管邻居存亡，过自己的好日子要紧。等到其他几国都被秦吞并，齐国当然也跑不掉。

在统一过程中，秦国还有一个重要的举措，就是大搞恐怖主义行径，派遣刺客暗杀六国有名望的大臣。这是李斯出的主意。《李斯列传》里说："阴遣谋士赍持金玉以游说诸侯。诸侯名士可下以财者，厚遗结之；不肯者，利剑刺之。离其君臣之计，秦王乃使其良将随其后。"意思是，派谋士带着钱去游说诸侯。对于其中的名士，贪财的，就用钱收买；不贪的，就刺客对付。所以后来燕太子丹派人刺杀秦王，秦王一点也不冤枉，这种恐怖主义行径，秦国自己干得最多、最欢。

所谓的军师谋略、削弱敌国的手段，概括起来，无非是三种：离间（包括几个国家之间和一个国家内部）、收买、行刺。

秦末战争和楚汉战争时期，形势比较复杂，又出现了新的谋略形式。因为起义军挑战秦朝，和两个国家之间的战争行为不一样，它是从无到有的，必定要发明一些新招，以消解对方的合法性，鼓吹自己的正义性。陈胜在大泽乡，怎么样才能让大家跟他走呢？他用了两个办法：第一，假托一个领导，树立合法性。第二，假称鬼神。

陈胜这个人，确实是有点脑子的，不傻。吴广就比较盲动，所以事前陈胜告诉他："没有革命的理论，就不会有革命的成功。天下劳苦大众痛恨秦国的压迫已经很久了。我听说现在的皇帝秦二世是小儿子，不当即位，应当即位的是公子扶苏。扶苏因为心地善良，为我们劳苦大众说话，被秦始皇赶去当‘边防军政委’，二世又把他杀了，这事老百姓还不知道。楚国将军项燕一向很疼爱士卒，老百姓都很怀念他。我们不如号称扶苏和项燕的部下，发动起义，一定能得到很多人响应。”

这个想法，一般人都会看出有矛盾。因为扶苏是秦国公子，而项燕是楚国将军，两人不但不是一伙的，还是敌对双方。但陈胜为什么要这么做呢？历史学家李开元曾经为此找了一个理由：秦始皇的皇后是楚国人，扶苏有楚国血统，所以楚国人认他，把他和楚将项燕放在一起，不违和。

这样说有道理吗？我认为是没有道理的，因为统治者和统治者之间，不讲究亲情。

秦国和楚国在战国时代长期联姻，在位时间最长的秦昭襄王，母亲就是楚国人，号称宣太后。可秦昭襄王对楚国留过情吗？一点都没有嘛。正是在秦昭襄王统治期间，楚国被严重削弱，郢都也被秦国攻占，导致楚国不得已离开已经定居了六七百年的古都，迁徙到陈地。别说秦昭襄王只有一半楚国血统，甚至宣太后本人，是纯粹的楚国人，但正是在她主政期间，发生了楚怀王被骗入秦、幽禁至死的事。政治是冷酷的。第一次世界大战，德国皇帝和俄国沙皇也是表兄弟，妨碍了他们互相攻伐吗？

普通人绝对不会傻到认为扶苏有楚国的血统，就会关爱楚国人，更何况史书上根本没有记载扶苏的母亲是楚国人，这种想象是不可靠的。陈胜的队伍中，本来就不一定都是楚国人，后来他派出去略地的武臣就是赵国人。就算楚国人相信扶苏会关爱自己，其他旧国的人会吗？况且什么都扯楚国，别的国家的人能高兴吗？

我认为他们之所以打出扶苏这杆大旗，是因为当时人深信扶苏是体制内健康力量。在司马迁的笔下，扶苏是因为屡次劝谏秦始皇，才被赶去当“边防军政委”的。在那个时代，处于绝对弱势地位的百姓，肯定特别希望扶苏能继承皇位，实行改革。结果上位的是胡亥，让百姓大失所望。我甚至怀疑，胡亥刚即位的时候，老百姓也对他寄予了厚望。这符合正常人的心理，毕竟和政府相比，老百姓太弱势了，那个时代的老百姓尤其弱势。为什么？因为在那之前，中国根本没有过大规模的农民起义，也从没有通过起义推翻一个政府的先例，他们想不出能靠什么改变自己的境遇。商纣王的百姓还能盼望周文王，因为当时诸侯众多。秦始皇的百姓能盼望谁？天下已经一统了。所以，他们只能希望政府自己改革，期盼胡亥上台，会比秦始皇好。湖南益阳兔子山出土的二世诏书也确实记载：

天下失始皇帝，皆遽恐悲哀甚，朕奉遗诏，今宗庙吏及著以明至治大功德者具矣，律令当除定者毕矣。元年与黔首更始，尽为解除流罪，今皆已下矣，朕将自抚天下。吏、黔首，其具行事已，分县赋援黔首，毋以细物苛劾县吏。亟布。

背文：以元年十月甲午下，十一月戊午到守府。

诏书中说，先皇帝时代，各种表彰重大功德的措施都已经齐备了，各类法律也已制定完成。现在我即位，将和老百姓一同创造美好未来。大赦天下的诏书，已经发下去了。我的官吏和百姓们，好好干你们的本职工作吧。

看到这份诏书，当时肯定无数人热泪盈眶，谁知胡亥是个人头畜鸣的家伙，会变本加厉做坏事呢？所以，在陈胜所处的那个时间段，天下老百姓已经对二世完全绝望，但又没有造反的心，因为没有先例，想都不敢想。如果在这个时候，你告诉他们，体制内还有一支健康力量，只要这支力量上台，就会改革，好日子就会来到。这对他们会是多大的鼓舞？肯定能得到纷纷拥护。他们认为扶苏才有统治合法性，才值得被民众拥戴。陈胜的宣传，正迎合了最广大百姓的心理。

那时的百姓，就算体制内没有健康力量，也一定会幻想出一支健康力量，否则人生就太绝望了。扶苏就相当于一尊偶像，处于极度绝望和饥渴中的秦国人，一听到“扶苏”两个字，就会痛哭流涕，死心塌地跟着打他旗号的人走，至于项燕和扶苏是不是一头的，谁在乎？他们没准会想，就算项燕活着，肯定也会拥护扶苏。就像义和团，本来是反清复明的，突然变成扶清灭洋了。为什么？因为反洋的任务更迫切，而且只有反洋而不反朝廷，才可能不遭到镇压，民众跟着你，才会觉得有胜算。所以，读历史一定要联系现实，历史不完全是符合逻辑的。陈胜的想法，非常高明。我想，陈胜的起义之所以没有被马上扑灭，跟打出扶苏的旗帜有一定的关系，这使得加入的人更多了。只不过到了陈县之后，队伍已经大得令人眼花缭乱，用不着扶苏这个旗号了。

再说假称鬼神。陈胜和吴广当时找到一个占卜的，问他天下形势怎么样。其实我们知道，陈胜、吴广并不相信这个，就算相信一点，也仅仅是想给自己找点心理安慰。我想，他们主要是为了测试人心向背，占卜的人，一向走街串巷，很了解民意。果然，占卜的也是吃了上顿没下顿，巴不得天下大乱，重新洗牌，就怂恿道："占卜很吉利，不过圣人以神道设教，还得问问鬼神。"

两人听说占卜吉利，大喜，至于问鬼神，他们也心知肚明：这不就是教我制造点神迹，骗骗这帮泥腿子吗？

于是他们用毛笔蘸着丹砂在帛上写了三个字"陈胜王"，看见旁边有个渔夫正在打鱼，当即偷偷塞进大鱼肚子里。回到军营，吴广咋咋呼呼地吆喝："嘴巴里淡出鸟来，大家凑份子买几条鱼来吃吧。"他手下一听，马上屁颠屁颠去买鱼，剖开鱼肚子一看，都傻眼了，这是什么啊？

吴广一个字一个字地念出来："陈—胜—王。哎呀不得了，这是天意啊，陈胜要当王了。”

“就是那个有名的天鹅排长陈胜吗？”大家叽叽喳喳地问。他的鸿鹄理论看来广为人知。

吴广诡秘地笑笑，不回答。这天半夜，吴广又偷偷爬起来，跑到旁边的丛祠里，学狐狸的声音怪叫：“大楚兴，陈胜王。”丛祠是楚国的民间信仰，人们认为树丛浓密的地方有神灵驻扎，所以祭祀的人很多，这个风俗在楚国有巨大的影响力。

士卒们听见丛祠里有狐狸叫，个个惊慌不已，于是起义就顺利地发动起来了。

关于庙算，楚汉战争中很有名的家伙就是张良和陈平。

刘邦曾在荥阳一带和项羽相持。楚兵确实厉害，采取攻势，数次出奇兵断绝刘邦的粮道，让刘邦十分头痛。他和郦食其商量解决办法，郦食其献了一计：“当年商汤伐桀，封其后裔于杞；周武王伐纣，封其后裔于宋。这些都是收买人心的好办法。秦灭六国，诸侯社稷相继倾覆，如果能够重新封那些人的后裔为王，他们一定亲附。这样仗也不必打了，楚国一定会追慕风仪，敛衽来朝。”

由此可以看出，郦食其这家伙本质上并非纵横家，而是儒家知识分子，非常迂腐。他幻想回到春秋时代，诸侯间以礼相待，不相互侵伐，这是战国时代儒家说烂了的东西，毫无新意，事实证明根本是行不通的。且不说秦国成功兼并天下，证明了封建诸侯已经过时，项羽名为霸王，宰割天下，岂不就是基本按照分封制来的？然而天下立刻又陷入诸侯交征的混乱状态，说明社会发展到这个阶段，不是东风压倒西风，就是西方压倒东风，绝不可能再有诸侯国们彬彬有礼地和睦相处的局面。尤其是认为分封诸国后，楚国就会追慕风仪，敛衽来朝，更是迂腐得令人发指。

但刘邦被郦食其说糊涂了，马上说："很好，快点刻诸侯王印，派使者出去分发。"

郦食其马上喜滋滋地去找铁匠铸印。不一会张良来了，刘邦正在吃饭，叫他："老郦刚给我出了个好主意。"把情况一说，张良大惊："啊，真要这么做就完了。"

张良抢过刘邦的筷子，开始解释："当年商汤封桀后，周武王封商后，都是在能充分搞定敌人的前提下做的，试问你现在能搞定项羽吗？天下流氓都聚集到你的身边，离乡背井，九死一生，为了什么？不就为了能立功，将来裂土封侯，吃香喝辣，欺男霸女，世世享福吗？你现在却想立六国之后，他们还有什么想头？肯定会纷纷打铺盖卷回家，侍奉家乡的主子去了，谁跟你去打天下？而且楚国现在依旧这么强，立了六国，他们还不是见风使舵，跟着强者走，谁记得你的恩德？你要这么做，真的就完蛋了啊。"

刘邦当即跳了起来，把满嘴的饭吐到地上，骂道："儒生真是蠢货，成事不足，败事有余。赶紧把新铸好的印给我销毁！"

所以说，张良挽救了汉朝。当然，郦食其这方面的想法迂腐，不代表他其他方面不行，他还是为刘邦出过不少好主意的，人都有自己的认识局限。

刘邦在军事上，是无法与项羽抗衡的，只能充分用计。除了张良，陈平也是个有名的谋士，给他出了个秦国蚕食诸侯时就使用过的招数："拉拢项羽身边的亲信，拉拢不了，也要离间他们。你知道吗？当年秦国之所以能灭六国，靠的可不仅仅是军事力量，阴谋发挥的作用更大。"

刘邦大笑称善，当即给陈平批了张条子：

财务处：

立即拨给陈平专款资金黄金四万斤，任他恣意花费，不用实报实销，张口就给，花光再给。

大汉国国王刘邦

拿到钱，陈平找来一批有奶便是娘的泼皮无赖，进行秘密培训。制定了六项组织纪律：

1. 一切行动听指挥，深入敌军内部散布谣言。

2. 基本工作方法：深入楚国士兵群体的时候，假装毫不经意地发布谣言，其他同志要及时附和，扩大谣言的传播范围。

3. 谣言散播员要善于隐瞒自己的真实身份，必须熟练掌握楚国话，捏造一个在楚国的故乡和童年经历，如果捏造不出来，组织会代为捏造。

4. 灵活性与原则性相结合，有时也要适当散布一些真消息，让人真伪难辨，但此真消息绝对不能有利于对方。

5. 谣言散播员要立场坚定、头脑清醒，珍惜自己的政治前途。

6. 贪生怕死、泄露机密、出卖同志者，父母妻子将会被斩首。

这些人经过严格培训后，纷纷打入敌后，到处散播谣言，比如说项羽手下的大将钟离昧等人自恃劳苦功高，却一直没有封侯拜相、裂土称王，特别不服气，他们已经秘密投靠刘邦，准备联合起来消灭项羽。这些谣言虽然没有让项羽完全信以为真，但确实增强了楚国君臣之间的不信任感。

不过项羽的军事太强了，刘邦还是处于下风。某年春四月天，楚兵发动了大扫荡，一路连捷，围住了荥阳城。刘邦只好派人出使楚营，向项羽请求讲和，约以荥阳以西属于汉，以东全归楚。项羽觉得要彻底干掉刘邦也很困难，颇有些动心。范增赶忙劝他："上次鸿门宴没有干掉刘邦，已经悔之不及了，人不能犯两次同样的错误。"项羽也觉得有道理，于是加紧进攻。

刘邦急得要哭:“范增这个老不死的,真是老子的克星。”陈平站了出来:“除掉他也容易。”

没几天项羽的使者进来,陈平赶忙命令摆上太牢,也就是牛头、猪头、羊头一起上,是那时候规格最高的国宴。项羽使者见了很高兴,陈平兴冲冲地问:“亚父(范增)他老人家身体还不错吧?我们汉王怪想念他的,希望他稍稍忍耐,干掉项羽后,就给他颁发一级卧底勋章,裂土封王。”

项羽使者丈二和尚摸不着头脑:“什么意思啊?在下是项王派来的。”

陈平马上假装惊慌道:“那错了,我以为是亚父的使者,原来是项王的。更换菜单!”从人立刻上前,把牛头、猪头、羊头全部撤下,换上一盘盘青菜豆腐。陈平阴阳怪气地说:“对不起,刚才搞错了,那些菜是要招待贵客的。”

楚国使者回去后把情况一说,项羽大惊,原来我亲爱的亚父也是个卧底啊!

看过《史记》中这个故事的人,起初大概都会为陈平的计策叫好,但稍微动点脑子,就会发现它非常荒诞。很显然,项羽听到使者如此回报,肯定会想:“亚父竟然是卧底?太可怕了,万幸被我发现……不过慢着,刘邦好不容易把我亚父发展成内线,肯随便就透露给我?”是啊,人家周瑜计赚蒋干,也是费尽心机,让蒋干自己偷偷摸摸发现“证据”,加上蔡瑁、张允本是降将,曹操对他们早有戒心,这才成功。

可范增不一样啊，他是亚父，楚军中第二号人物，投降刘邦，能得到什么？刘邦能给他二号待遇？且从鸿门宴开始，范增就一直孜孜想解决刘邦，这次项羽本打算跟刘邦讲和，也是范增催促他急攻，这样一个人突然变成刘邦内线，于理不合。我想只要三秒钟，项羽就能判定，这是玩反间计，把我当傻子。但项羽是傻子吗？韩信、陈平都给刘邦分析过项羽的弱点，却从未提过“那家伙智商有问题”，因此，这个桥段只能是楚汉战争中的众多传说之一，司马迁觉得最有戏剧性，就采纳了，而其他各种说法，因为比较平淡，被司马迁扔进了垃圾桶。

然而项羽似乎真的是个白痴，史书上说他“果大疑亚父”，亚父劝他再急攻荥阳，他竟不肯。亚父也终于忍不住了，怒道:“天下的事情已经定了（刘邦肯定会把你干掉），君王好自为之，我就不在这打搅你了。”称病请归。项羽竟然还不醒悟，立即批准了范增的辞呈。

陈平使的计策都比较阴，后来刘邦被匈奴四十万骑兵围在白登山，也是靠他的计策脱身的。史书上没有记载他所使的具体是什么计，估计都是见不得人的阴招，但只有阴招，才适合丛林时代啊。

我个人并不看好什么庙算，一个国家只要自己内政搞得好，社会和谐，国民富裕，就是堂堂之阵、正正之旗，什么阴谋也不怕。国家和国家之间的战争，最终就是拼实力。只有实力相当，阴谋才能起作用。但是，如果实力不能达到代际差距，则最没有底线的阴谋者，多半会赢，因为它汲取老百姓资源的能力强，又可以随时出尔反尔。

闰篇 读《史》九札

一、我读《商鞅列传》

商鞅这个人，一般是以正面形象出现的，我也曾经以为他很伟大，但后来我以先秦典籍研究为职业，反复研读了《商君书》，才逐渐不喜欢他。最近因为别人约稿，又反复研读《史记·商鞅列传》，有一些疑虑，于是随手写出来。

司马迁说，商鞅在秦国变法，开始是得不到老百姓支持的，连贵族也反对他。但我们知道，从考古发现来看，秦国的文化传统和东方诸国不同。在秦国，贵族一向是很弱的，国君一向是至尊无上的，所以商鞅想变法，只要得到秦孝公支持，其他人再反对，也没有什么用。曾经有两个贵族，也就是太子的两个老师不服气，但都被商鞅的铁拳砸烂了，从此贵族们没有人再敢说一句话。

贵族都说不上话，老百姓更不能。于是商鞅宣布：

老百姓每五家结为一伍，十家结为一什，互相担保，互相监视，如果一家有罪，其他家庭不举报，都以同罪论处。知道奸恶之徒不告发，判处腰斩；举报奸恶之徒的，功劳和上战场斩首相同（也就是赏赐一级爵位）；藏匿奸恶之徒者，和上战场投降敌军同罪（也就是妻子儿女全部没入官府为奴婢）。一户人家当中，有两个成年男子的，必须分家，否则承担两倍的赋税。不许私自斗殴，要把精力用在战场上，否则一一治罪。所有百姓都必须热爱劳动，男耕女织，每年给国家缴纳的粮食和布匹多的，可以减免徭役。凡是致力经商等近似寄生虫行当的，能够给国家按时交税倒也罢了，否则妻子儿女全部没入官府为奴婢。懒惰不干活的二流子，也全部抓捕。宗室子弟，如果没有军功，不再有世袭爵位。天下百姓，都按照爵位等级分配土地宅院。爵位高的，田宅大而多；爵位低的，田宅小而差。奴仆衣服的等级，也依照主人的爵位高低而定，不许僭越。有军功的允许耀武扬威，没有军功的，就算家里有点钱，也不许洋洋得意。

说实在的，这些法令很多都非常野蛮，事先也没有找老百姓代表商量，但靠着秦国政府的淫威，强制推行了十年，百姓竟然都非常高兴，非常满意，而且从此路不拾遗，夜不闭户，山无盗贼，家给人足。这些，都是司马迁记载的，新法看上去似乎不少条文违背人性（至少我们谁也不愿意自己不小心犯了法，妻子儿女全部被政府没收为奴），其实对老百姓有利，且不是一般的有利，而是让老百姓开心得不得了。

虽然存有疑问，但我们也姑且相信，可是接着往下读，又会疑惑了。因为司马迁写到，有一个叫赵良的老朋友去看商鞅，对商鞅说了如下一段话：

百里奚，不过是楚国的一个乡巴佬，听说秦穆公比较贤良，希望能得一见。但他家里穷，没有路费，于是把自己卖给秦国商人，为商人养牛。过了一年，秦穆公听说这事，把他买了下来，拜为丞相。百里奚为丞相六七年，东伐郑国，帮助晋国换了三任国君，而且发兵从吴国手中挽救了楚国，让巴国臣服。周边诸侯听说后，纷纷来朝。他做丞相之时，劳累也不坐车，暑天不打伞，在国中行走，不带武器，不跟保镖。他死之后，秦国男女痛哭流涕，如丧考妣，儿童都不歌唱，体力劳动者不喊激励劳作的号子，可见其伟岸的人格。而您呢，是通过宦官景监见到国君的，名声就不好听。您当丞相不是为了百姓谋福利，而是耗费民力，为国君建造宫阙。您给太子的两位师傅都判处了肉刑，以严刑峻法痛绳百姓，给自己积聚了巨大的祸患。一般来说，治理国家，要让百姓心服口服，就得以身作则，但您不是这样，而是肆无忌惮地运用权力，逼迫百姓服从，而且越来越骄横，在封地南面称孤。公子虔那些人，对您怨恨至极，随时准备找您报仇。这些情况，您自己想必也知道，所以您一旦出门，跟随的护卫士卒有十几车，都满载甲兵。又精选强壮者为贴身保镖，坐在身边；另有持矛操戟的人在车两边跟着奔跑，随时警惕周围动静。没有这些保护措施，您根本不敢出门。但是，古话说得好："依仗德行者昌盛，依仗暴力者灭亡。"您现在的处境危如累卵，却还无动于衷，我真为您着急啊。不过，把十五个封邑还给国君，急流勇退，劝说国君提拔有德行的人，慰问孤寡，爱护百姓，大概还可以免祸。否则的话，一旦国君去世，这个国家想杀死您的人，可不在少数啊。

这段话，商鞅也没有否定，那么，商鞅其实是很受百姓痛恨的。在《商鞅列传》的结尾，司马迁还写了一段赞，概括商鞅的一生，大致内容如下：

商鞅天性是个刻薄残酷的人，而且没有固定的想法。比如他当初游说秦孝公，就试了三次，每次都用不同的招数。可见他求见秦孝公，本来并非为了实现什么政治理想，而是为了求富贵。这种不择手段的人，自然什么都干得出来。所以在战场上，他可以连老朋友也欺骗。我读《商君书》，就是这个感觉。所以，他受到秦国人的痛恨，也不是没有道理的，最后得到悲惨结局，可谓罪有应得。

很明显，商鞅并不是很得百姓欢心，司马迁也承认，但他前面为什么又写商鞅推行新法十年后，秦民大悦呢？是司马迁瞎写吗？

近几十年出土的秦简中，有不少法律文书，记载了秦国统一之前的很多案件，所谓的路不拾遗、夜不闭户、山无盗贼、家给人足，都并不是真的。从那些文书中，我们可以看见，秦国社会是很不安定的：很多人觉得秦国困苦，偷越国境逃亡到楚国；有些人冒充秦国“高干”，到下面的“县政府”诈骗；有些人强奸杀人；有些人穷得叮当响，只好盗墓……各种案件，应有尽有。甚至《史记》记载秦始皇统一之后，微服私行，在国都附近就碰到强盗。可以看出当时的秦国，即使严刑峻法，社会也并不太平。

但根据我对秦汉史和司马迁的了解，以及考虑到普遍的历史规律，我认为司马迁并不是瞎写，我相信有一部分秦国人是喜欢商鞅的。因为新法摧毁了贵族，在一定程度上削平了贫富之差，对一部分人是有利的。均贫状态导致百姓没什么可偷，要做盗贼也难，从而造就一个虚假的太平景象。而且当时社会控制很严，二流子确实很难存身。喜欢这种社会状态的人，就会喜欢商鞅，这些人的言论流传到司马迁的耳朵里，自然就被他写进了史册。但商鞅的新法可以驯服人的思想，却无法驯服经济规律和社会规律，秦国百姓其实是非常困苦的，否则秦简里不会记载那么多秦国百姓逃到楚国的事。史书也记载，秦国在扩张战争中，每征服一个地方，百姓都会逃往更东方，不想当秦国人，因为那很辛苦。当然，因为社会资源被政府全盘掌控，秦国军事力量很强，显得很厉害，但因为没有经济实力的支撑，这种强大难以持久，秦朝统一天下后，十几年就分崩离析，也说明了这一点。毕竟商鞅的严刑峻法违背人性，事实上是阻碍生产力发展的。

司马迁毕竟是古人，他写作又喜欢到处采访，兼收并蓄，以致《史记》中有很多前后矛盾的记载，有些人物活动的时代甚至差错上百年，所以，在《商鞅列传》中，出现前后矛盾，也并不奇怪。

二、我读《吕太后本纪》

吕后这个人，大家都知道她很残忍。但也有人说她天性蛮善良的，证据就是她年轻时，一个夏天的“双抢季节”，她带着一对儿女在田里干活，这时来了一个老翁，向她提出了一个微薄的请求：“给点水喝吧。”她不但给了水，还送上食物。老翁很感动：“夫人，看您的相貌，实在是天下贵人啊。”

但她后来却变得非常残忍，刘邦在世时，她就干了两件丧尽天良的事，第一件，就是族诛韩信。

韩信是汉朝第一功臣，起先被立为齐王，后来被改立为楚王，刘邦对他很忌惮，但因为他的功劳实在太大，也不好再做什么。后来有人告发韩信谋反，刘邦就用这个借口，用计捕获了他，褫夺了他的楚王之号，改封淮阴侯。但很显然，这一改封，功臣是有看法的。比如樊哙，对韩信佩服得不得了。有一次韩信去樊哙家做客，樊哙喜出望外，拜谢道：“大王肯光临敝舍，老樊实在受宠若惊。”要知道樊哙也不是一般人，战功赫赫，是和张良、萧何、周勃、灌婴等人同批封侯的功臣（韩信封淮阴侯也是这批），还是刘邦的连襟，地位尊贵无比，这时候韩信已经不是楚王了，樊哙却依旧称他为“大王”，这是怎么样的敬佩？只是韩信素来高傲，不但没感动，反而慨叹：“没想到这辈子会和樊哙这样的人为伍。”（也许这句话，得罪了樊哙的老婆吕媭，也就是吕后的妹妹，是导致韩信最后悲惨结局的原因之一。）

以韩信的功劳，功臣们至少对他是心服口服的，但如此战神，却被吕后骗到长乐宫，不经审判就当场杀掉了（虽然就算有审判，也是走个过场），而且被灭了三族。刘邦听说后，反应是“且喜且怜之”，可见刘邦本人下不了这个手。

第二件是杀彭越。彭越的军事才能也许比不上韩信，但也不会差太多，因为除了对阵项羽，彭越就没打过败仗。英布曾经说：“诸将中我最怕的就是韩信和彭越，其他都不难对付。”所以他才被封为梁王。但这么一位功臣，也被刘邦找了个莫须有的罪名褫夺了王号，发配到蜀郡青衣，不过好歹留了条性命。但他最倒霉的，就是在发配路上碰到吕后，更千不该万不该对吕后哭诉冤屈。吕后假装同情，把他带回洛阳，不但没有为他求情，反而劝刘邦不要放虎归山，于是又给彭越捏造了个“复谋反”的罪名（坐在囚车中，行进在流放路上，怎么谋反），夷了他三族。彭越的尸体还被做成了肉羹，遍送诸侯王，进行恐吓。

这两件脏活，都是刘邦即使想做也实在做不出来的，吕后却毫不犹豫地做了，不管意图如何，至少在事实层面上成了刘邦的枪手。她大概自以为得计，却不知道，这会在当时的功臣们心中留下多么深长的阴影。对于韩信和彭越，诸将多少有点同情之心：他们毕竟战功摆在那，你吕后一个女人，坐享荣华，如何能做得这么绝？这女人对韩信和彭越尚且如此，我们这些人，自然更不在话下。

可以证明吕后残忍的，还有卢绾的事迹。卢绾和刘邦是老邻居，同日出生，从小就在一起玩泥巴，所以虽然功劳不大，也被刘邦封为燕王。后来被迫谋反，逃到匈奴，在长城下驻扎，天天派人刺探刘邦的病情，希望等刘邦病好后当面谢罪。可刘邦中了英布一箭，伤势发作，很快就一命呜呼。卢绾深知吕后的歹毒，知道再也没有指望，就带领残兵败将逃入匈奴。卢绾和吕后，平民时代就开始交往，肯定也是有深厚感情的（不是男女之情），但卢绾却这么怕吕后，可见吕后的为人。

以上这些情况，让人感觉吕后已经变态了。权力斗争固然会导致人变态和疯狂，但像吕后这样把事情做绝的，恐怕也不多见。由此还可以看出，吕后的政治智商，也并不太高。

在刘邦死后，吕后起先秘不发丧，甚至想调集军队，血洗长安，把功臣们杀个干净，在郦商的暗示和警告下，才打消了这个疯狂念头。然后她毒杀了赵王如意，又虐杀了如意的母亲戚姬，将戚姬斩掉四肢，剜去眼睛，熏聋耳朵，灌下哑药，扔进厕所豢养，称之为“人彘”，之后竟然请自己的儿子惠帝刘盈去参观。当刘盈认出猪圈里蠕动的“人彘”，竟然是个活生生的人，简直不敢相信自己的眼睛，当场号啕大哭。哭完之后，大病了一场，一年多起不了床。他派人见吕后，带话说：“这不是人所做的事，臣不配当太后您的儿子，也没有脸面再治理天下。”其实他真正的意思是，自己无法做魔鬼的儿子。他从此天天纵情声色，在花天酒地中麻醉自己，以忘却所看到的地狱般惨状，也因此二十三岁就抑郁身亡。吕后不但残杀了别人，也害死了自己的儿子。

但她并不悔改，继而想毒杀齐王刘肥，并成功弄死赵王刘友、赵王刘恢。刘友本来在高皇帝十一年（前196）封淮阳王，赵王如意被毒死之后，他就徙封为赵王。开始他和吕氏家族的关系还不错，甚至还和吕家一个女子结了婚。但刘友对这个王后不喜欢，有自己的宠妾。吕家那位王后日日独守空房，咽不下这口气，派人向吕后告状：“赵王天天抱怨说：‘吕氏家族的人有什么资格当王？等太后死了，我就要举兵击杀他们。’”吕后立即把刘友召来长安，安置到“赵国政府驻长安招待所”，却不许往里面送食物。刘友饿了几天之后，作了一首诗抒发愤懑，就死了。吕后又把原来封为梁王的刘恢改封为赵王。刘恢的大老婆，也是“组织上”（吕后）给安排的，是吕产的女儿。这位吕氏王后更加强势，曾派人用一杯鸩酒毒死了刘恢的爱姬。刘恢痛哭了几场，写了四章抒情诗，自杀殉情。

甚至吕后的亲孙子汉少帝，也因为抱怨了几句，而被她弄死了。与此同时，她疯狂提拔吕氏族人，封王封侯者十几个，临死之前，把南北军精锐全部让侄儿们掌握，千叮万嘱，自以为得计，不知道这些措施，只能激起功臣们更大的惊恐和愤怒。吕氏家族已经危如累卵，但即将咽气的老太婆并不知道，至少知道得不深、不全面。

果然，没多久，周勃、陈平等人就发动政变，把吕氏一锅端。政变的第二天，周勃下令将北军总司令吕禄处死，将吕媭用竹杖活活抽死。同时将吕氏家族老老少少全部捕捉，押到市场，夷灭三族。包括惠帝刘盈剩下的四个儿子，也被功臣们找借口弄死，一个不留。也就是说，功臣们已经无法容忍吕氏的任何 DNA 留在世上。

仇恨为什么这么大？原因在于吕后自己，事情做得太绝。

当年吕公自诩会看相，把女儿嫁给刘邦，以为吕家从此可以攀附真命天子，世世富贵。他再料不到，只富贵了几十年，就绝了后。从这点看，所谓会看相，只是笑话。如果他真能看相，难道看不到自己家族的覆灭命运吗？在刘邦的事业进程中，吕氏家族是贡献了巨大的人力物力的，他们散尽家财，吕后兄弟都曾亲自带兵上阵，而在官方文献中，这些功劳也大多被抹去了。由于曾经并肩上阵，吕家子侄和刘邦的部下们也应该有很深的同袍之谊，结果这些同袍们对吕氏家族举起屠刀时，既迫切又坚定，丝毫没眨眼。你可以说，看看，权势是如何使人良知泯灭的。但原因并不仅此。

必须看到，当年吕后残忍夷灭韩信、彭越三族，虐杀戚姬，谋杀三赵王，阴谋屠戮众多功臣时，全体功臣们一定已经非常愤怒，他们也不是没有实力当场翻脸，但一则碍于她的皇太后名分，二则为了保全汉朝这艘大船的基本完整，不得不暂时隐忍，其实吕氏宗族的祸患，在那些时候就已经萌生了。所以，一个人不管因为什么原因和机会，突然获得了熏天权势，最好不要把事情做绝，因为需要给自己留条后路。不懂得这一点，就谈不上是个成功的政治家。

三、我读《李斯列传》

在很多读者眼里，李斯也是个有争议的人物。很多人觉得他才华横溢，只是不幸碰到昏君，才落了个悲惨下场。不过我认为李斯是活该，他的邪恶不但体现在和赵高合谋，矫诏杀死扶苏，更体现在他给二世皇帝上的《行督责书》里。

李斯从小就有功利主义倾向，在这种人眼里，人生的目标无关道德，只有利益。他曾经是楚国上蔡的“小公务员”，平日按部就班地上班下班。有一天他上厕所，发现很多老鼠正在吞吃粪便，见他来了，疯狂逃窜。他上完厕所，回到大概是粮仓管理员的工作岗位，又发现很多老鼠正躺在粮堆里舒服地吃着谷物，肥肥胖胖，见了他也不甚惊慌，从容撤退。于是他大叫："我悟到了！人就像老鼠，如果在厕所混，就得吃垃圾，还时时忐忑不安；如果在粮仓混，就能吃到饱，还没什么人打扰。我现在的生活，就像厕所里的老鼠啊。我不干了。"

很显然，在他眼里，人生只有两种状态，一种是吃厕所的垃圾，一种是吃粮仓的粮食。至于理想、道德、价值观，统统是狗屁。他最高的人生目标，就是做个仓鼠。这是多么low的一个家伙呀！

很快他就辞了职，跟从大儒荀子学习帝王之术，毕业后，感觉东方各国都弱，决定去秦国，对老师说："现在是列国纷争最关键时刻，我想去秦国碰运气。人生最可悲的是卑贱穷困，有些人没有出息，以安贫乐道为借口，我可不想那样。"

到了秦国，靠着吕不韦的推荐，他见到了秦王政，用美好的愿景劝说秦王征讨东方，并献了一个下三滥的计策，就是搞间谍活动。秦王拜他为长史，拨给他用不完的金钱，派他到东方去搞活动。各国的权臣、名士，可以结交的，他就重金结交；不爱钱的，就买刺客刺杀。用计离间六国君臣，六国由此政治更加混乱，愈加无力和秦国对抗。

这一招是很管用的，但是正派人一般不屑，毕竟是阴谋啊，见不得人。秦国能灭亡六国，军事不一定是主要因素，撒钱和刺杀这两种没底线的手段，秦国玩起来最溜。后来刘邦也学会了，后来中国古代的权术家们都学会了。刘邦的手下陈平，是间谍战的首领，但他的“秘技”，史书上都不记载，为什么？史官也承认见不得人，不好意思记。

李斯还嫉贤妒能。韩非和他同门，才华比他高，连秦始皇本人都是韩非的“粉丝”，打算对韩非重用。但在李斯的谗言下，秦始皇立刻翻脸，将韩非下狱，弄死在监狱里。李斯还劝秦始皇烧书禁书，凡是不合他口味的学说，全被归为错误言论。百姓家有藏书，必须限期交付官府烧掉。想学习文化的，只能让官府“公务员”教诲，以免思想走偏。

李斯靠这些手段投合秦始皇，安富尊荣，做了丞相，位极人臣。儿子个个娶公主，女儿个个嫁皇子。看样子可以万世富贵。但天下哪有这么美妙的事情？在他和赵高玩阴谋，把二世扶上皇位后，秦朝残酷的统治很快激发了起义。不久起义军占领了大半个关东，胡亥急了，把李斯召去，说：“韩非有言：尧当君主的时候，吃穿住用都很简朴寒酸；禹开凿龙门，疏通九河，手足长满了茧子，面色晒得乌黑。所谓的天子，应该过这种日子吗？做天子的人，应当让天下人侍候自己一个。所以，我就想随心所欲，长享天下，而杜绝后顾之忧，你有什么良策？”

李斯在这个时候，不但没有劝谏二世停止横征暴敛，与民休息，反而写了一篇臭名昭著的《行督责书》，淋漓尽致地阐发了他邪恶的思想，以取悦二世：

世上最贤明的君主，一定懂得行使督责之术。臣下因此不敢不绞尽脑汁侍奉君主，天下人也不敢不竭尽全力让君主快活。君主必须能独制天下，无人有资格制约，才算伟大。凡能随心所欲享受安乐的君主，都是最贤明的。申不害先生说，若有了天下而不胡作非为，天下就反而成了自己的牢笼。为何？就因为不懂得督责。不能督责，就必须亲自忧心劳神，去为百姓服务，那当然像坐牢。这样的君主，当得有什么意思？简直让人笑掉大牙。

让别人为自己服务，是自己贵，别人贱；自己被迫为别人服务，则是自己贱，别人贵。尧、禹为别人服务，很多书生竟然尊敬他们，歌颂他们，实在愚不可及。韩非先生说过，慈母才会养出败家子，家教严，绝不会有强悍不驯的奴仆。为何？因为后者知道，若做错事，刑罚一定应声而至。所以依商君当年制定的法律，把灰尘丢在道路上的，都要受刑。这好像做得太过分，但只有明主才懂得轻罪重罚有利统治，百姓知道轻罪都会遭致重罚，就根本不可能犯重罪。

韩非还说过：八尺长的布，庸人都会抢；二百四十两金子，大盗都不敢觊觎。这不是说庸人太贪心，而大盗欲望小，而是因为抢金子是重罪，抓到了一定处死，而偷八尺长的布，官府都懒得立案，这就是严刑峻法必要的原因啊。明主圣王之所以能长处尊位，没有别的诀窍，就在于能独断，能随心所欲制定刑罚。若不严刑峻法，而用慈母手段治国，就完蛋了。

朝中有俭节仁义之臣，君主就不能荒淫纵乐；朝中有谏说论理之臣，君主就不能胡作非为；朝中有忠烈死节之臣，君主就不能花天酒地。贤明的君主，一定要远离这三种臣子，最好杀掉。总之，明君能独断，臣子就夺不走权力，这样才能消灭仁义，钳制舆论。别人不能用仁义忠烈之士的标准要求他，也就无法用劝谏改变他的意志，他才能随心所欲，无所不为。法术严明，而天下混乱的事，没有听说过。所以只要把这套督责之术妥善实施，群臣百姓就只能天天活在坐牢的恐惧中，哪有造反的心思。

二世很开心，变本加厉，制定了一些新的严刑峻法，提拔了一大批更残酷的官吏，考核标准也很明晰，谁收的税多谁就是良吏。为多收税免不了要杀人，二世进一步认为，谁杀的人多，谁就是忠臣。于是在二世的统治下，大秦帝国的罪犯比秦始皇在世时还多，走到街上一看，半条街的人都是穿着赭色囚服剃光了鬓发的罪犯。市场上几乎每天都要杀人。关中是秦国的根本，本来可以作为秦国的最后退路，只要关中不失，就算丢了关东，秦国也可以自保。结果被这么一弄，关中也开始人心思乱，巴不得起义军打过来了。

李斯是如此邪恶，但秦朝的宫廷就像养蛊一样，恶人更有恶人磨，最终他被赵高弄进了监狱。以前他对付政敌，百战百胜，是因为他能逢君之恶，但赵高这方面比他还强，怎么办？当然就轮到他退出邪恶的历史舞台了。在狱中，他被打得全身没一块好肉，见了二世派来的“冤案巡视组”，也不敢说实话，最后三族老少，怎么也得有几百人，全被牵到市场上砍头。在市场上，他看见自己的二儿子囚首丧面，悲不自胜：“儿子啊，我现在想和你牵着黄狗，去上蔡东门外追逐狡兔，还做得到吗？”父子相拥而泣，随即和所有家族成员一起，老老实实把脑袋放在砧板上，等屠刀过来一个个砍下。

李斯这个人，是中国历史上佞臣的代表人物。这种人心中没有是非，只论成败。所谓良知云云，对他来说不值一钱。他一生行事的所有目的，就是让自己吃好喝好，骑在别人头上拉屎。所以，他才会和赵高合谋，才会给二世上《行督责书》那样的东西，最后被灭了三族，简直是势所必然的。赵高的奸佞更过于他，结果自然也一样。其实两人的才华，都是一时之选，但心术不正之人的才华，无论对于社稷还是自己的家族命运而言，都注定起适得其反的作用。

有必要指出的是，司马迁说秦始皇死前留有遗诏，让长子扶苏即位，而出土秦简和汉简，则说胡亥是秦始皇选定的继承人。很多学者认为后者荒诞不稽，我则认为司马迁未必传信，采择了离奇故事。因为秦始皇早就把扶苏打发守边去了，这种人事安排，其实就是将其边缘化的手段。皇子离开中央，意味着丧失中心地位，类似例子所在多有。晋献公想废黜太子，就将太子打发去新城，让他穿偏衣；楚平王想废了太子，就把太子打发去城父，守边邑；汉景帝废了太子刘荣，立刻将之驱逐到江陵；汉武帝把讨厌的儿子都安排到燕、吴边远之地。这些，都是边缘化的举措。扶苏是不可能被立为太子的，除非秦始皇最后幡然醒悟。由此可见，在秦朝的政体下，继承人的选择，根本不会出于什么理性因素。李斯和赵高，也根本不需要用到矫诏的手段，皇权注定会选择最差的继承人。这在后世，也是屡见不鲜的。扶苏冤死的传说，不过是普通百姓对体制内健康力量有所幻想的曲折反映罢了。

四、刘邦为什么不杀项伯

读过《史记》的人，大概都会注意到两个人的命运。一个是项伯，作为楚国的高官左尹，也就是最高法院院长，他不但救过刘邦的性命，还帮忙保住了刘邦老爸和老婆的性命；另一个是丁公，身为楚国的将军，在彭城之战中担负追击刘邦的使命，眼看就要把刘邦干掉，却因为刘邦一句“两贤岂相厄哉”（英雄不该刁难英雄）的说辞，鸣金收兵，目送刘邦离开，也算是刘邦的救命恩人。但他们的结局不一样，刘邦做了皇帝，前者被赐姓刘，封为射阳侯；后者却被扒光衣服，拖到军营游行了一圈，像猪一样杀掉了，理由是“为项王臣不忠，使项王失天下者，乃丁公也”。

两者行径同样类同叛徒，命运怎么相差这么大呢？我以前总感到疑惑。虽然前人也有解释的，比如宋代的胡寅说：“高帝以二心杀丁公，而不杀项伯，何也？项伯所以免帝于危者，明为帝讲解之，此公道也；丁公刃已及沛公而纵之去，此私情也。岂可比而同之乎？”

这样的解释，我是不能满意的，为什么呢？荒唐。说项伯是为了公心救刘邦，刘邦自己都不会相信。项伯开始并不认识刘邦，他去刘邦军营，本是为了救熟人张良，并不关心刘邦死活。他如果是出于公心，就应当尽早劝告项羽，而不是等到刘邦低声下气结交，并约为婚姻之后，态度才大变。所以，以公私之分来解释项伯和丁公两人的不同命运，是不妥当的。如果说项伯救刘邦，理由能放到桌面上说，符合公道，倒还说得过去。但丁公最后纵放了刘邦，不也可以解释为同情刘邦，为刘邦没有得到关中的土地鸣不平吗？刘邦为什么对因私情救自己的，这么苛刻；对以公道救自己的，就那么宽容呢？在现实生活中，如果我们陷入了困境，突然出现一个人，连朋友都不是，却肯救自己，有什么理由不报答，反而要杀他呢？

司马光也解释了丁公为什么被杀，他说：

> 夫进取之与守成，其势不同。当群雄角逐之际，民无定主，来者受之，固其宜也。及贵为天子，四海之内，无不为臣，苟不明礼义以示之，使为臣者，人怀贰心以徼大利，则国家其能久安乎！是故断以大义，使天下晓然皆知为臣不忠者无所自容，而怀私结恩者，虽至于活己，犹以义不与也。戮一人而千万人惧，其虑事岂不深且远哉！子孙享有天禄四百余年，宜矣！

他的意思是，当天下已定，群臣忠心就排在第一重要的位置了，杀丁公，就是要劝诫群臣。但当年季布把刘邦追得疲于奔命，他对项羽，可谓忠臣，而天下已定，为什么刘邦还要通缉季布呢？他不是把忠心排在第一位的么？何况，以天下已定为说辞，则追溯前事，项伯亦属不忠，为何不杀？所以，司马光的解释显然也说服力不足。

对于这个问题，我有个看法，这大概和刘邦心中的游侠情结有关。

众所周知，刘邦是农民出身，却不喜欢种庄稼，而又想吃香喝辣，在当时，除了当官，还有一条路，时髦的称呼是当游侠，贬低的说法是，做流氓、在道上混。也许真实的刘邦，也是满身刺青的，可惜从不见影视剧里这么表现。

游侠有一个很重要的特点，就是不爱劳动，希望在外结交朋友，靠暴力手段武断乡曲，藉此置办产业，或者收保护费为生。因为深知社会的险恶，所以他们大都比较团结，虽然并无严密的组织，但靠着普遍认同的“规矩”或者说“江湖道义”，维持行业的生存，也因此具备一定的韧性。所以，他们是不受官府喜欢的，一般来说，都会遭到严厉打击，但越打击，他们抱团的趋向就越明显。其实他们的生活目标只不过是吃香喝辣而已，统治阶级的知识分子看不惯他们，诋毁他们，也挺无聊的。孔子都说了，“己所不欲，勿施于人”，自己不想吃糟糠，却希望别人老老实实地吃，那怎么行？

项伯有着显著的游侠性格，早年他杀了人，被政府通缉，只好到处流窜，幸亏张良救了他，这些恩情他不能忘。于是当项羽要进攻刘邦的时候，他深夜冒着腊月的寒风，跑了几十里，来到刘邦的军营，劝张良跟自己逃命：“赶紧跟我走，不要陪刘邦一起送死。”额头上汗津津的，不像是在冬天。有恩必报，是混江湖必须遵循的道德准则，否则以后谁带你玩？混江湖不是搞政治，不靠权谋，靠的是热血和道德形象。相反，玩帝王之术，可以不要道德，不讲信义，只要骗术高。

然而，张良坚决不肯独自逃亡，他请求项伯救救刘邦，否则，他宁愿跟刘邦一起死。这当然也感动了项伯。游侠的道德准则，就是宁可自己不吃，也要给朋友吃；宁可自己死，也要让朋友活。张良这个举动，当然戳中了项伯的道德敏感点，他想都不想，就决定施救。他脑中肯定都没闪现过“这是背叛项羽”的念头：这怎么能叫背叛？我们的道德准则就是这样的。你死我活？不，大家都是举义兵，都是为了灭秦，都是阶级兄弟，不存在根本矛盾。

于是项羽就这样一步步走到了末路。他遵循贵族准则，遵循兵法，亲亲尊尊，对亲人好，对普通士兵好，但就是对朋友一般般（或者说他没有朋友，只有上下级），他重的是家国，而不是朋友。他不知道，时代变了，现在要靠朋友打天下。

刘邦对项伯又佩服又感激，因为项伯是个真正的游侠，有古之风烈。而丁公呢？作为项羽的将军，他和刘邦无衔杯酒之欢，算不上朋友。两军相遇，他本该敬业，把刘邦捉回去，可只因为刘邦一句“两贤岂相厄哉”的马屁，他就飘飘然了。刘邦虽然占了便宜，心底肯定会疑惑的：这算什么？素无恩义，谈不上报恩，凭什么放我？况且游侠的道德准则还有“不矜其能，羞伐其德”，救人之后，应该“终身不见也”，可这丁公竟然主动上门，自吹功劳，要求赏赐。这算游侠吗？完全是一个无赖混混嘛！当然要拿他开刀。开刀的理由，当然不能是“游侠的道德准则”，他现在是帝王，行事要以帝王的标准，那么“不忠”就是最充分的理由。丁公到死也想不通为什么自己和项伯的功劳一样，所得待遇却天差地别。

刘邦一直到死，心底都有游侠情结。他不好意思杀韩信，虽然内心很想杀；不好意思杀彭越，虽然内心很想杀。——还好，这两件事，他老婆帮他办了。他不好意思杀英布，最后不杀不行。

确实，能不杀的人，刘邦还是尽量不杀的。赵王张敖的门客贯高，因为刘邦对赵王不敬，曾纠集一帮门客，想在赵国柏人县厕所里把刘邦做了。幸亏刘邦那天临时决定不在柏人过夜，才避免了尸沉粪坑的命运。后来东窗事发，张敖被逮捕。贯高等没有作鸟兽散，也没有不负责任地自杀，而是申请入狱，把过错全往自己身上揽，说张敖完全不知情。他们身上被打得青一块紫一块，也不改口。刘邦得知真相后，对贯高大为敬佩，竟然想赦免贯高。但贯高自己不肯，自杀了。

贯高也是游侠典范，为了救主人，宁死不屈，这符合游侠讲究忠义、为人两肋插刀的行事风格。护主事成，他又慨然自杀，不以此炫耀同侪。这样的人，刘邦自然是很佩服的。所以在确定张敖并无夺取自己江山的想法之后，刘邦能这么宽容地对待贯高。可以这么说，作为游侠的刘邦，一直在向作为帝王的刘邦艰难转型。

当然，游侠貌似和专制体制作对，但他们一旦夺取了政权，就天然会站到专制的一边，因为在江湖上混是为了大碗喝酒、大块吃肉、无法无天，当帝王也是，两者有着基本共同点。

所以刘邦曾经为项羽的死痛哭，也未必是作秀。

另外，刘邦对田横也很佩服，曾经告之曰，如果他率众投降的话，“大者王，小者侯”，虽然言不由衷，也可见其敬佩之情。为什么？田横能笼络到那么多人跟着自己逃到海岛，是有很大人格魅力的。有权势的时候有人跟随，没什么了不起；穷愁潦倒了，朋友还对之不离不弃，这才伟大。而且，田横宁愿死，也不愿见刘邦，理由是曾经和他一起南面称孤，现在要北面事之，“其耻固已甚之”。他是把骨气看得比命还重的，这和刘邦心目中的游侠形象应该很符合。后来田横自杀，五百门客全部自尽，刘邦深受震动，下令厚葬，真是发自肺腑的。

五、刘邦为什么四十岁还不娶妻

刘邦是战国末年楚国人，出身于一个还算殷实的农民家庭，在家里排行第三。

这个家庭的主体都是务农的，而且没什么文化。户主刘太公连个正经名字都没有。几个儿子中，老大刘伯、老二刘仲、老三刘季，也没有正经名字。老四刘交，因为被送到儒生那里学习，才有了正经名字。刘季后来改叫刘邦，显得很大气，是发迹后的事。

总之，刘家是正儿八经、规规矩矩的庄稼汉之家，但刘邦属于另类。

刘邦大概接受了一点粗浅的文化教育，认识千把汉字，放到今天，相当于勉强能读报纸的水平，之后他就放弃了学习，开始在丰沛市集上招朋唤友，过起了自由自在的游荡生活。当然，由于出身，他不可能不会农活，甚至有可能非常擅长。多年以后，他的孙子刘章在长乐宫侍候吕太后饮酒，曾经自告奋勇地说："臣请为太后说说耕田的事。"吕后笑话他："你父亲（指刘邦，刘章虽为其孙，但被吕后当儿子看待）才擅长耕田，你生而为王子，哪懂这些？"

但刘邦长大后，无心务农，这让刘太公十分愤怒。对这样一个儿子，他真是恨铁不成钢，曾这样呵斥："你这不肖的竖子，也不学学你二哥，看人家是怎么勤劳治产的。"之所以没提到大哥，可能因为大哥早已去世。在那个年代，医药极不发达，壮年暴卒是毫不奇怪的事。

对父亲的责骂，青年刘邦浑不在意，而且他也没有成家的打算。众所周知，在古代的绝大多数岁月里，除非家境太差，一个男人不到二十岁就娶妻，是很正常的事，刘邦那个时代也不例外。我们看民国时人的回忆录，还可以见到许多不到十岁就订婚的例子。像刘邦这样，家境还可以，成年后却一直不考虑结婚，可谓非常罕见。但就刘邦的本性来说，这又很正常，因为一旦结婚，就要和父母分家，就得养老婆孩子，就得种田，这日子有人爱过，但对刘邦来说，绝对不愿意。

想到这点，我们对刘邦的不肯结婚，就一点不奇怪了。

他有一个很崇高的理想，当游侠，在江湖上呼风唤雨。

游侠生活为什么有这么大吸引力？为了清楚阐释这点，我们首先要解释一下游侠是种什么样的人物。

中国伟大的史学家司马迁给游侠下过一个定义，说是一种专门急人之难，却不求报答的人。战国时代，东方诸侯国有四大贵公子，赫赫有名，即赵国的平原君、魏国的信陵君、齐国的孟尝君、楚国的春申君。四人都是王族子弟，拥有采邑，有丰厚的税收招徕宾客，普天下不愿耕种的“伎能之士”都去投奔他们，无事时白吃白喝，有事则要挺身而出，甚至献出生命。人家的粮食也是种出来的，不能白白让你消耗，是吧？信陵君是四大公子中声名最显赫的一个，他死于魏安僖王三十四年（前243），那年刘邦才十三岁。

虽然没有机会亲眼见到信陵君，但刘邦从小就耳闻了不少信陵君的故事。他恨自己出生太晚，没有机会投奔到门下，没法和信陵君手下诸多志同道合者朝夕相处，大碗喝酒，大块吃肉，出门乘坚策肥，危难一至，则殒身喋血，快意恩仇，报答主子的礼遇，留名天下。与这相比，顶着毒辣的太阳耕种，实在是庸人才会干的事情。

更重要的是，做游侠可以欺负别人，碰到好机会，还可以得到主人的提拔，当上官吏，这比天天猫腰在地里侍弄庄稼，有前途多了。种田人风里来雨里去，一辈子能挣几个钱，攒几亩地？这不是他刘邦想过的生活。可以说，勤劳的二哥在刘邦心目中绝对是一个负面榜样。对二哥，他嗤之以鼻。

所以刘邦无论老爸怎么骂，都一意孤行。有一天，他听说一个叫张耳的魏国人，曾在信陵君手下做过门客，如今已被魏王任命为外黄县令，正在广施钱财，招致宾客。已经三十好几的刘邦兴奋得不得了，毅然离开家乡，西行上千里，跑到外黄去投奔张耳。

我认为，已经三十好几还没娶妻的刘邦，在见到张耳后，肯定更不想娶妻了。为什么？因为张耳的发迹，靠的是在江湖上闯荡出了名气，而被外黄县一个富翁的女儿看上。富翁的女儿本来嫁了人，但是觉得老公没出息，“佣奴其夫”，有一天离家出走，干脆跑到老爸朋友那，问改嫁谁好。那人向她推荐了张耳。她听了张耳的光辉业绩，当即拍板，坚决和原来的老公离婚，嫁给了张耳。富人也需要张耳这样的豪杰保护自己的家产，双方各取所需，因此结亲。张耳虽然以前就出了名，但究竟没什么钱，现在成了富人的女婿，就有钱招揽朋友了。朋友越来越多，势力就越来越大，成为当时社会的不稳定因素。最后魏国政府撑不住了，干脆招安，拜张耳为外黄县县令。张耳就此把自己洗白，光宗耀祖。

张耳有个刎颈之交兼老乡，叫陈余，和张耳一样，不事产业，在江湖上闯荡出了名声后，被赵国苦陉县一个姓公乘的富人招为女婿。同样，这个富人也是看中了陈余朋友多，有流氓气，哭着喊着把女儿嫁给了他。

张耳、陈余这两个光辉榜样，对刘邦人生观、世界观的影响，无疑是十分巨大的。我认为，刘邦不结婚便罢，要结婚，就一定会锁定一个有钱女人。

我这个看法不是没有根据的。和他同时代有个人叫陈平，也不大愿意种田，天天在外面结交朋友，搞得嫂子很恨他，说他败家。陈平长大后，也一直不肯娶妻，个中原因，史书上倒说得很清楚："及平长，可娶妻，富人莫肯与者，贫者平亦耻之。"可见，他和刘邦一样，一心想娶个富婆。他后来也如愿以偿了，因为名气越来越大，终于有个富翁把孙女嫁给了他，从此他"赍用益饶，游道日广"。也就是说，因为有了钱，他结交的酒肉朋友越发多，身份地位也上去了。

我们前面说刘邦家境还可以，只是和一般老百姓比较而言的，古代社会生产力低，能一年四季吃饱饭，就算得上小康，但多余的钱，一般人家都没有。刘邦家里也是，虽然原先刘太公有些家产，但他两个哥哥早早就成家立业，分了家，他自己依附父母，又不治产业，手头并不宽裕，有时在外面惹了事，还只能带着一帮朋友去寡嫂家蹭饭吃。有一次大嫂终于烦了，等刘邦和朋友进门，故意刮着空荡荡的锅，暗示一无所有，请另觅饭辙。刘邦羞惭得满脸通红，带着朋友扬长而去。为着这次的意气之举，大嫂后来付出了沉重的代价。刘邦当上皇帝后，遍封亲戚，独独对大嫂无所表示。

这也难怪，对刘邦来说，朋友就是人生的全部意义，他的理想只能靠朋友实现，而大嫂竟让他在朋友前丢了面子，是可忍，孰不可忍？

刘邦在张耳的门下呆了没多久，公元前225年，秦将王贲率大军围住了魏国首都大梁，引水灌城，大梁城陷，魏国灭亡。张耳处境也岌岌可危，遭到秦朝的诏书逐捕。不得已，他带着自己的刎颈之交陈余逃到陈县（今河南淮阳），隐居了起来。

刘邦只好回到楚国家乡。三晋的覆灭，标志着楚国也岌岌可危。两年后，秦将王翦两次大破楚国名将项燕的军队，楚国就此覆灭。沛县成为秦国的领土，下属于泗水郡，刘邦成了一个秦国人，这一年，他三十三岁。

从楚国人变成秦国人，对刘邦来说，没什么要紧，因为以他的出身，不会有什么祖国的概念。他并不是屈原，仅是一个再普通不过的百姓，统治者无论换了谁，在他看来没有任何不同。何况为了笼络楚国人，秦王在楚国故地实行了优惠政策，赐予他们爵位。所以，除了语言文字、风俗习惯等方面可能略微有些不适应之外，刘邦很满意这种崭新的生活。

虽然刘邦当时没有取得张耳那样的成就，但他毕竟从小在道上混，又投奔过大名鼎鼎的张耳，加上家里不算太穷，就被乡里推举，当上了秦国泗水郡的泗水亭长。在秦国，当一个县廷令史，起码要会写五千字，还得懂得八种字体；但当一个亭长，刘邦肚子里那点货足够了。

亭长是秦国的最基层官吏，职责是维护方圆十里的一块土地的治安，兼管送往迎来的工作。因为秦朝的亭，不但相当于现在的派出所，而且兼具现在邮局、招待所的功能。刘邦的这个官职，放到现在，就相当于一个乡级派出所所长兼邮电所、招待所的负责人。

虽然年近四十，刘邦丝毫也不见有娶妻的打算。史书上说，他喜欢美女和好酒，按理说，维持这两样爱好都得大把大把花钱，而他只是工薪阶层，不事产业，哪来的钱消费？但这难不倒他。邑中有王媪和武负两个女人开的酒馆，刘邦常去赊酒喝，喝醉了就顺势躺下睡觉，颇有豪杰之气。

史书记载，刘邦醉后昏睡时，身上常常会出现一条龙，把王媪和武负这两个市井妇女吓得够呛，觉得这家伙不是一般人。而且奇怪的是，每次刘邦在店里赊酒喝，店里营业额总是暴涨，卖出的酒比平时多几倍。这么一来，王媪和武负都觉得刘邦能给她们带来福气，到了年终结账，就把刘邦写的赊账文书简折断，扔进垃圾堆。

当然这和刘邦的出生神迹一样，都是后人为了神化大人物而瞎编的。至于他每次到酒馆，酒就能卖出平时数倍的原因，可能在于他有一定的人格魅力，是市井少年的偶像，所以能吸引很多游侠少年来酒馆陪他喝酒，从而增加了酒馆的收入。

从这个情况看，刘邦在乡里的无赖少年中有崇高的威望。

他混到四十多岁，乡里还没有富人主动把女儿或者孙女嫁给他，这事反而有点不正常了。这有两种可能：第一，沛县富人很少，豪杰很多，刘邦还轮不上。第二，沛县富人眼力差，看不出刘邦的潜在价值。

有人会问，是不是还有第三种可能，就是没有女人愿意嫁给他？不可能。因为朋友这么多的人，女人不可能不青睐，何况他长得还挺帅。史书上说刘邦“隆准而龙颜，美须髯”，翻译成白话就是，他的鼻子挺拔，容貌像龙一样高贵，胡须很漂亮。这样的男人，哪个女子见了心中不怀春？

刘邦显然看不上一般的女子，他可以跟她们有染，但绝对不肯娶回家。从史书上的记载来看，刘邦应该有过不少相好，而且还有一个私生子，是和一个曹姓妇女生下来的。这个曹姓妇女当时有没有嫁人，我们不知道。如果她已经嫁人，那刘邦就是和有夫之妇私通，而且还不是一般的私通，因为这个私生子，后来被送回刘家，看来没有造成什么不良后果。有可能那妇女的丈夫知道惹不起刘邦，对这事抱着一种吃亏是福的态度。这个私生子取名刘肥，后来被封为齐王。

由此观之，只要刘邦愿意，肯定有大把的人愿意嫁他，但为什么他没有选一个娶进家门呢？

正如我们前面所说，大凡游侠，最重要的信条是乐善好施、不吝钱财，也就是《水浒传》里梁山好汉概括的“大碗喝酒、大块吃肉、大秤分金”，谁舍得花钱，谁就能得到大家的拥戴。宋江早先不过是郓城县衙中一个小小的押司，为什么能坐上梁山泊第一把交椅？不为别的，就因为他见到江湖好汉，出手就是一锭银子。信陵君等四大公子为什么名满天下？就因为他有采邑，养得起三千门客。张耳娶了富家女后，为什么千里之外的游侠都来投奔他？就因为他变得有钱，可以招待大家了。所以，要得到大家的拥戴，钱是必须的。

汉代还有一个老妪为子复仇的故事，她之所以能成功，也是因为有钱。据《后汉书·刘玄刘盆子列传》记载，王莽天凤元年（14），琅邪海曲有一个老妪，叫吕母，儿子在“县政府”做小吏，犯了点小罪，竟然被县令杀了。吕母十分悲痛，决心找县令报仇，便开始秘密招徕门客。她有数百万家产，都用来酿醇酒，买刀剑衣服。少年们来买酒喝，都可以赊账。看见穷的，她就送衣送食，不计成本。数年后，她的家产折腾得差不多了，少年们想凑钱还她一些，她垂泣道：“先前之所以厚待诸君，不是为了求利，只是因为县令太坏，冤杀了我的儿子，我想报仇，不知诸君肯不肯帮忙！”少年们被她的悲壮感动了，又考虑到白吃白喝了她那么久，都满口答应，于是聚集起来，有数百人，扬帆入海，继续招徕豪杰，没多久，就有数千人之众。吕母自称将军，领兵攻破海曲，抓住了县令。诸吏叩头为县令求情，吕母不听，一刀将县令的脑袋斩下，祭奠儿子之灵。

一个老妪，都能靠金钱聚集一帮少年为她卖命，何况刘邦这样的本色流氓？他在江湖上混了那么久，岂能不知道“要有钱”这个道理？他当然想像张耳一样，娶一个富家女。一般的女子，他怎么看得上眼？也因此，他可以和曹氏私通，却绝不会娶她。曹氏家里没背景，对自己的事业没有帮助，他娶来干啥？

刘太公这样老实巴交的庄稼汉，当然理解不了儿子这一伟大理想。

就这样，岁月蹉跎，刘邦一直没有遇到一个他认为值得娶的人，直到吕雉出现。

吕雉是吕家第二个女儿。她父亲吕公，原先是隔壁的单父县人，因为在当地结下了仇家，怕遭到报复，举家迁徙到沛县，他背景不俗，和沛县县令是故交。

在那个时代，县令属于六百石的高官，能和县令做朋友的人，绝对不一般。这点，我们不用怀疑。

话说沛县县令很高兴地接待了故友，他对侄女辈的吕雉也一见钟情，当即向故友表达了这个良好愿望。他贵为县令，不可能是单身汉，娶吕雉回家肯定不是当正妻。但吕雉的妈妈吕媪不在乎，她想答应这门亲事。他们本来是因为在故乡结仇，才迁徙到沛县的，找个有份量的靠山十分重要。然而作为一家之主的吕公不这么想，他果断地拒绝了老友的请求。对这个女儿，他一直有长远的考虑，因为这个女儿长得颇有姿色，他想把她的作用发挥到最大，不肯轻易出手。

好在沛县县令比较大度，对故友的拒婚并不在意，照样大摆筵席，为故友接风洗尘。

县令请客的消息很快传了出去，在一个权力和人情主导下的社会，谁都知道此乃讨好县令的一个重要机会。礼品的轻重，直接决定送礼人在县令心中留下的印象好坏，谁也不敢吝啬。因为对县令吝啬，命运就会对自己吝啬。

在召开酒宴的那天，县令特地派了自己的主吏掾萧何当主进。主进者，主管进钱也，也就是操办迎客、负责接收礼金的人。

络绎到来的客人鱼贯报上自己的姓名和礼金，萧何吩咐一一记账，并声明：凡是送礼钱数不超过一千钱的，一律坐到堂下的院子里，没有资格和县令亲近。

在当时，一千钱不是个小数目，据睡虎地秦简记载，当时一个普通工匠每顿饭只要一钱，每天的工资只有八钱，一千钱相当于他们三四个月的工资。刘邦做亭长时，能拿多少工资史书上没有说，不过从居延汉简的记载看，汉代一个相当于亭长级别的官吏，月薪不过六百钱，一千钱也很可能相当于刘邦两个月左右的收入。

但刘邦一走进院庭，就信口开河："我送一万块。"同时抬腿径直往堂上闯。

周围的人都惊呆了，现场一片哗然，声音惊动了坐在堂上的吕公，他立刻站起来，亲自出门迎接这位奇异的客人。

也不知怎么回事，吕公看见刘邦，像着了魔似的被对方吸引住了。史书上说吕公“好相人”，估计看出了刘邦是真龙天子。但可悲的是，他没看到几十年后，吕氏家族竟因此遭到了族灭的命运。

这时他几步上前，亲切地拉着刘邦进屋，并引入座位。

萧何大概怕县令生气，帮忙打圆场，说：“刘季这个人，就喜欢吹牛，实际上干不了什么事。”

刘邦丝毫不以为意，当仁不让地坐到了上座。县令的酒筵仿佛成了他表演的舞台，他对堂上诸客再次嬉笑怒骂。酒阑，吕公心里愈发欢喜，他觉得眼前此人将来一定是个人物。酒宴接近终点，客人们相继离去，刘邦也想告辞，但吕公想留下他谈话，对之使眼色，刘邦会意，一直坐到酒宴结束。吕公诚恳地对他说：“在下自小喜欢给人看相，看过的相也够多了，但从来没见过相貌好过您的，希望您善自珍爱。我有个女儿尚未婚配，倘蒙不弃，我愿送给您当箕帚妾，侍候您的生活起居。”

这当然是天上掉下来的好事，吕公有财力，又是县令的朋友，攀上这门亲，还愁没钱花？刘邦满口答应。

但是刘媪非常愤怒，指责自己的丈夫道：“你平时常说，这个女儿一定要嫁给贵人，不能轻易出手。沛县县令对你那么好，你也不肯给他。现在你昏了头，想送给刘季，他算什么贵人？”

吕公语重心长地说："女人头发长，见识短。我跟你说，刘邦就是个贵人，在将来的乱世中，县令不管用，刘邦这样朋友多、黑白两道都吃得开的人，才能保护我们，保护我们的财产。"

四十多岁的刘邦终于正式结束了他的光棍生涯，成为有家室的人。吕公家里有钱，刘邦后来起兵，应该得到了吕家很多物质帮助，但随着后来吕太后死去，周勃等人发动政变，将吕氏一网打尽，杀了个精光，新即位的文帝和吕家没有血缘关系，史官大约隐瞒了很多真实事件，吕氏家族的功绩在史书上就显得不那么显豁了。

总之，理解历史，必须理解中国社会，两千多年来，中国社会的运行惯性仍然在起作用，从这一角度切入可以使我们对历史的理解更为深入。

六、我读《萧何曹参列传》

萧何是刘邦第一功臣，在秦代就做沛县"人事局局长"，那是县令之下、群吏之上的高位。司马迁说他庸庸碌碌，"未有奇节"，后来跟着刘邦，建功立业，是"依日月之末光""苍蝇附骥尾而致千里"，这若非胡说八道，就是别有隐情。萧何的行政才能，不是县级的，而是国家级的。在沛县，他年年考核第一，泗水郡的监郡（相当于"郡委书记"）借调他到郡里工作，考核又是第一，获得过当时最高的行政奖励——“文无害”称号。监郡想推荐他去咸阳工作，他不肯去。后来，刘邦在前线和项羽相持四年，萧何靠着强大的行政才能，在关中建筑了宫殿、宗庙、社稷坛，还能给刘邦提供补给，兵源、粮食、武器，源源不断，且关中无怨言。刘邦在前线败多胜少，好几次及时孤身逃跑，才勉强捡回一条性命。军队经常打得精光，但有萧何，就不用担心。一眨眼，炮灰又送来了，立刻恢复满血。如果项羽有一个萧何，命运的天平就可能逆转。

他也是个好人，非常爱护百姓，自己买的田宅，都是瘠薄的边角地，房子也很简陋。他说子孙如果贤德，就会喜欢简朴；不贤德，富贵反而让人惦记，不安全。但就是这么个人，刘邦也对他充满猜忌。征战时，刘邦经常派人以慰问的名义去窥探他的动向，最后他不得不自污，假装侵渔百姓，巧取豪夺，刘邦听说后，反而笑得合不拢嘴。后来刘邦打了胜仗回长安，老百姓都拦住车骑喊冤，告发萧何的恶霸行径，强买强卖、欺男霸女。刘邦召见萧何，笑着把告状书给他看，说：“你自己去向百姓赔罪吧。”

萧何假装承认了错误，但江山易改，本性难移，转眼又趁势对刘邦说：“长安地方狭窄，上林苑中空地多，不如赐给百姓去种。”刘邦当即大怒：“你大概收了商人很多贿赂吧？竟想拿我的园子做人情。”当即下令将萧何关进监狱。

几天后，王卫尉问刘邦这事，刘邦道：“我听说李斯辅佐秦始皇，好事就说是皇帝做的，坏事就说是自己做的。如今萧何收取贿赂，想拿我的园子做人情，为自己换取好名声，我实在气不过。”王卫尉说：“萧何是相国，职责就是治理好国家，对百姓有利的事，他当然应该为百姓申请。陛下却说他收人贿赂，真是捕风捉影了。当年陛下和项羽相持数年，后来陈豨、英布相继反叛，陛下都亲征，而萧何守关中，只要他一动念头，关中就非陛下所有，那么大利益他都不取，还在乎商人一点小钱吗？况且秦国正是因为死不认错才灭亡的，李斯帮秦始皇遮掩罪恶，又有什么值得效法呢？您这样怀疑丞相，实在太过了。”

刘邦听了，不大高兴，但还是派人释放了萧何。还好当时秦朝的灭亡，对新生王朝而言，是巨大的经验教训，而刘邦也清楚自己能夺取天下，离不开萧何的功劳，否则萧何也逃不过灭族的命。但这种政体，对萧何这样的良臣，又有什么保障呢？假如他碰到的不是刘邦，而是朱元璋呢？可恨的是，那人头畜鸣的朱元璋，开创的王朝也享受了近三百年的国祚呀。从秦到明，中国到底是进步了，还是退步了？

曹参是继萧何为相的。他之前是齐国丞相，一到任，就召见当地贤达，问治理国家的办法。后来，从胶西地方请来的盖公，教他清静无为，不骚扰百姓，让经济自然发展。曹参对他的建议全盘采纳，主政齐国九年，百姓安定，经济繁荣，人人都夸他是贤德之相。

萧何和曹参本来关系很好，但因为争功臣位次，产生了嫌隙。惠帝二年（前193），萧何生病，惠帝亲自探望，问："您万一去世，谁可以接替您的职位？"萧何说："能了解我的，是您啊。"惠帝说："曹参如何？"萧何说："有他接任，我死而无憾了。"

曹参在齐国听说萧何去世，立刻让手下打点行装，准备启程，说："我要去长安做丞相了。"没多久，长安使者来，果然是征他去做相的。曹参对接替自己的齐国丞相说："以狱讼和市场谋生的奸人，不要逼迫太紧。"接任者说："就这点小事吗？"曹参说："这可不是小事。很多人为奸也是出于无奈，若有其他活命的法子，谁愿意生事？不要忽视，这才是头等大事。"

到长安任丞相后，曹参专门选拔不大擅长言辞的人作为下属，看见待人苛刻而向慕声名的，一概罢免。每天上班，几乎不办公，以美酒度日。大小官吏来请示，他二话不说，都按下喝酒，根本不让对方有开口机会。下属也有样学样，每天在宿舍饮酒唱歌。他们的宿舍就在相府后院，有人听到歌声非常反感，就假装请曹参去后院游玩，希望曹参听到歌声下令处理。结果曹参反而让人取来美酒，一边喝一边唱歌相和。小吏犯错，只要事不大，他就不计较，整个丞相府清静无为、一片和谐。

三年后，曹参去世，百姓都歌唱："萧何制定法律，一切整齐划一。曹参接任其职，谨守不敢有失。一切清静无为，百姓安宁和集。”

曹参的才干比起萧何，要逊色很多。司马迁说他虽然战功赫赫，但那是因为跟随韩信。不过依我看，此人确非凡俗，他有自知之明，故能成就伟业。他懂得萧何行政的精髓，情愿亦步亦趋，这看似平常，但在那种制度下，没有较高的人格和自信，是做不到的。后世很多官员，一上任就要推翻前任所有举措，以显示自己高明，而倒霉的是治下百姓。曹参贵为丞相，总管天下政务，而丞相府小吏无事可干，整个政府貌似都尸位素餐、醉生梦死，却成就了汉朝经济发展最迅速的时代，国家欣欣向荣，人烟繁茂，衣食滋殖。说明在古代，若是政府不作为，老百姓简直谢天谢地，等到有雄才大略的君主如汉武帝出现，反而是地狱来临。从古以来，又有几个人懂得这个道理呢？从这点来看，萧何、曹参真是了不起的贤良之才，拿到现在，也毫不逊色。

七、为什么汉武帝时儒教充满血腥

我们听到儒家，总以为他们是很温和仁爱的。古代人用声训的方法来解释儒，《说文》里说，“儒者，柔也”。“儒”和“柔”古音是比较相近的。《汉书》里也说汉元帝“柔仁好儒”，显得慈善。当然，总体说来，儒家确实宣扬仁爱，法家更刻薄寡恩。但是，至少汉朝兴起的儒家，呈现出一些比法家还残酷的特点，我们可以举例来说说。

众所周知，战国时代最后一个大儒荀子，和法家有密切关系，他的两个有名的弟子李斯和韩非，都是法家的代表人物。李斯没有什么著作，但长期为秦始皇服务，以残酷著称。韩非子则写了一本黑暗之书，系统阐述法家的治国理想，强调国家只需要农民和战士，不需要文化，甚至说，法律书之外的书籍都不应该存在。

儒家和法家的结盟，可能有一些现实因素，因此，战国末年的儒家，至少有一些是为了寻求治道，引入法家理念的。余英时先生曾指出，帮助高祖打天下的叔孙通，就是一个掺杂法家思想的儒生。那个时代的儒生，早已与时俱进，吸收了法家的残酷，打造出了一个新儒家。思想，也是层累式演进的，但是如果你说他们掺杂了法家思想，他们也许不会高兴。

刘邦刚平定天下的时候，宴飨群臣，那些土包子将相都不懂规矩，喝醉了狂呼，场面跟乡村酒宴一样，有人甚至拔剑击柱，吹嘘自己的功劳。刘邦很烦。叔孙通说："我来教他们礼法。"刘邦答应了。

汉七年（前200）的十月新年（汉初历法），长乐宫落成典礼那一天，功臣们都来觐见刘邦。叔孙通命令主管官员把群臣一个个引入大殿，廷中列满了警卫，都全副武装。赞礼的官员叫“疾走”，群臣就要疾走；叫“跪”，群臣就得跪。文官站在东边，武官站在西边，一丝也不能乱。不听话的就拖出去治罪，搞得往日不讲礼节的土包子将相们都战战兢兢，毕恭毕敬。刘邦看在眼里，喜上心头，开心地大叫道：“快活啊！今天才知道当皇帝可以爽成这样。”

我们知道，春秋时代的诸侯宴飨卿大夫，是言笑晏晏的，宾主都很讲礼节，君臣之间地位绝对不像这样相隔天壤。而且，那时国家的规模小，贵族力量大，搞不成刘邦那种奴视群臣的样子。汉代这种为虎作伥的儒家，实际上已经和法家差不多了。而且法家比较讲究实用，不喜欢繁文缛节，儒家却擅长搞大场面，比如武帝时封禅泰山的无聊把戏，就是在儒家的鼓动下搞的。司马迁的父亲司马谈，还因为无法去现场观礼而气得吐血，郁郁而亡。你想想，他们对刘家王朝的代入感有多强。

我们再看另一个故事。

汉景帝时代，有个齐地的儒生叫辕固，是《诗经》博士，也就是皇帝身边的顾问。皇帝的老妈窦太后不喜欢儒学，有一次召见他，问《老子》这书怎么样。辕固竟然说：“此家人言耳。”当时人所说的“家人”，是平民百姓的意思，辕固是说，《老子》讲的都是些下等人喜欢的东西，意义不大。

窦太后火冒三丈，骂道：“安得司空城旦书乎？”在汉代，司空是管理囚犯的官员，城旦是一种刑徒的名字，据说这种刑徒每到天蒙蒙亮，就要被赶去筑城，所以叫城旦。我个人不相信这个说法，而认为这是个连绵词，这是题外话，暂且不说。窦太后的意思是，怎么比得上你那讲刑律的书呢？随即下令将辕固扔到猛兽圈里去，和野猪搏斗。辕固那时已经七老八十，好在景帝不忍，给了他一支锋利的武器，他竟然把野猪刺死了。

从中可以看出，窦太后够残忍的，但她为什么说儒家更残忍呢？这也是有原因的。当时的儒家多学习《公羊传》，董仲舒就是汉景帝时期开始任博士的，很多朝廷政策，已经潜移默化地受到公羊家的影响。《公羊传》是齐地的学问，而辕固是齐地的儒生，所以窦太后把这些人都看成一伙。公羊家喜欢以《春秋》决狱，原心定罪。我们所知道的三纲五常，就是董仲舒提出来的，其实这些观点原先是法家的，后来被儒家借用。清代的俞正燮曾经指出，"《公羊传》集酷吏佞臣之言，附之经义，汉人便之，谓之通经致用"，还说，其时的公羊家，"惨刻过申、商，而托名儒者"。当然，公羊家的思想本也来自先秦，只是在汉代得到了进一步发展。

俞正燮的说法有没有道理呢？应该是有一定道理的。为什么这么说？我们可以举两个例子说明。

汉武帝虽然罢黜百家，独尊儒术，好像一副很仁慈的样子，但实际上，大家都知道，《汉书·酷吏传》里，大半的狠角色都出自武帝一朝，他以"缓深故之罪，急纵出之诛"

而闻名。敢于把小案办成大案的，即使有错，也可以容忍；但把大案办成小案的，必定杀头。后者在法律上，叫“见知故纵”。

汉武帝这么做，跟他有公羊儒学作为支持，是有很大关系的。公羊学的要义，首先是“定于一尊”，尊君卑臣，给皇帝的无上权威提供合法性。有了这样的理论，皇帝不但可以为所欲为，还能占据道德制高点。

我们先来看看淮南王刘安的大狱。

元狩元年（前122）十一月，淮南王刘安谋反事发。

刘安的父亲淮南王刘长，是被文帝活活饿死的。之后，文帝为了挽回自己因杀弟而受损的名声，把刘长的三个儿子都封为王，其中刘安最大。

史书上记载，刘安这个人品行不错，喜欢读书鼓琴，不喜欢打猎玩乐，老百姓都很尊敬他。他很有才华，手下有一帮人，文章写得好。汉武帝喜欢跟他交往，经常给他写信，赐给他东西。而且他很心虚，每次拟好了草稿，都要让司马相如等人看过，再誊清寄出去。他来朝，武帝和他谈论方术，总是超过规定时间，一直到深夜时分。可见武帝对这个叔叔简直有些崇拜。

这样的人怎么会谋反呢？一般史家都认为，这是冤案，就是说汉武帝觉得他势力大，想搞死他。到底是不是，我们不知道，但可能性是很大的。

史书记载，他谋反的始末很复杂，咱们不多说。要点是，他的罪状之一是希望武帝不生儿子。我们知道，武帝是二十九岁才有了第一个儿子，这当然就比较晚了。在此之前，淮南王刘安就希望，最好武帝永远不生儿子，好让自己有继承皇位的机会。其实怎么可能？论亲疏，怎么也轮不上他啊。他只是刘邦的孙子，人家景帝的孩子还很多在世呢。

要立案还得有人告发，这时候淮南王的孙子刘建对他这个做爷爷的心存不满，就充当了这个角色。刘建的爸爸刘不害是“孽子”，也就是庶出，不受宠爱，相当于《红楼梦》里的贾环。刘建怨恨爷爷偏心，就派人去长安告发他，说知道他的很多造反秘密。

武帝一听，就下令逮捕淮南王父子，以及一切与此有瓜葛的人。

汉武帝派吕步舒去全权处理此事，并给他颁赐了斧钺，允许他便宜从事。为什么派吕步舒去呢？因为吕步舒是董仲舒的弟子，精通《公羊春秋》，汉武帝要他以《公羊春秋》的经义断这个案子，无需请示皇帝。

吕步舒果然没有辜负汉武帝的期望，穷治此案。其实刘安从来没发过一兵一卒，拿到现在来看，没有行动，即使有想法，也不能判罪。但是用“春秋决狱”就好办了。“春秋决狱”的要点就是“原心定罪”，《公羊传》里常用的一句话是“君亲无将，将即反”，也就是说，不要想做坏事，一旦想了就等同于做了。这当然比法家残酷多了，法家断罪，一般来说，还是看行动的。

吕步舒治理淮南王的案件，左右牵连，最后总共杀了几万人，其残酷可见一斑。他回去复命，武帝大悦。读过《汉书》，我们就知道，武帝曾经多次派使者出去抓捕盗贼，看谁称职。凶悍杀人多的，他就认为称职；杀人少的，他就认为不称职，马上罢免。王莽的曾祖父王贺，曾经被武帝派去督捕盗贼，因为不忍心杀人，就被免职了。而跟他一起被派出去的使者，多的杀了上万，就升迁很快。吕步舒要让汉武帝满意，不多杀人是不行的。

公羊家有时候不仅是“原心定罪”，还附会《春秋》经文，来为自己的主张寻找理论依据，而这些依据，通常是很模糊的。有时论辩双方都引《春秋》为据，而得出的结论完全相反，孰是孰非就要看皇帝的意思了。说白了，所谓《春秋》决狱，成了皇帝迫害人的工具。

比如有个叫徐偃的人，是汉武帝的博士，奉命去关东视察。经过胶东和鲁国的时候，他假传圣旨，让当地“鼓铸盐铁”，回来后调任太常丞，从比六百石升到千石。本来没什么事，但当时有个御史大夫叫张汤，是有名的酷吏，不知为什么不乐意了，劾奏徐偃“矫制大害”（法律用语，指伪造诏书，造成了巨大危害），主张判他死刑。徐偃就用《春秋》决狱的方法为自己辩解，说古代大夫出疆，“有可以安社稷、存万民，专之可也”，意思是，只要对百姓有利，可便宜从事。

他说得很有道理，张汤没办法，但又不甘心。于是武帝下诏问另一个宠臣终军。终军就是王勃《滕王阁序》里夸过的那个人，其实并不是什么好人，他知道武帝凶残，自然曲意逢迎，就找徐偃的漏洞，说：“古代天下很多诸侯，国家没有统一，百里就不通，安危之势，瞬息就会产生变化，所以大夫可受全权委托，便宜行事。现在天下一统，正如《春秋》所说‘王者无外’，普天之下莫非王土，你竟然还说什么出疆，出的哪门子疆？难道你想分裂祖国不成？我看你就是想沽名钓誉，向百姓卖好。”

徐偃一听傻眼，只好服罪，丢了性命。他之所以丢性命，其实还是因为武帝想杀他，而不是他说得不对。虽说当时天下一统，但交通不便，出了首都，便宜从事，也是必要的。当年河内郡失火，武帝派汲黯去视察。汲黯走到河南郡，见那里正遭水灾，饥民塞路，父子相食，饿死沟壑者不计其数，也矫制开仓放粮，武帝也没有说什么。为什么这次就要杀徐偃呢？还是因为武帝心里有了疙瘩。《春秋》经义模糊，当年另一个大臣庄助曾经给武帝写信，把自己比作儿子，把武帝比作母亲，完全是扯淡，但武帝也没有说什么。

当然，这还不算什么，毕竟徐偃矫制了，不管怎么样都该处罚，虽然被处死是残酷了点。相比他，一个叫颜异的人，才是真冤。

颜异是苦孩子出身，早年当过亭长，汉武帝时期任大司农，以廉洁正直著称。他被处死的原因很荒诞，叫作“腹诽”，也就是说，对皇帝的某项政策，虽然没发表异议，但嘴唇动了一下，心里可能有不满，因此被处死。

这件事的始末是什么呢？要从汉武帝征讨匈奴说起。

武帝在位时，好大喜功，一直发兵征伐匈奴。打仗是个很费钱的事，《孙子兵法》里说了，不到万不得已，不要打仗。但他一定要打，很快把文景之治攒下的家当败光了。但他很狡猾，不想像其他皇帝那样给百姓加税，因为他深知，加税会造成百姓贫困，使他的政权不稳。所以，他首先打富人的主意，出售爵位。

有了爵位，可以免刑或者减轻刑罚，这是富人愿意出钱的原因。但是老百姓不高兴，你有钱了就可以免刑，我们怎么办？这样下去政权也会不稳。武帝就想办法在其他方面压榨富人，比如鼓励贵族给国家捐款，但是贵族都装聋做哑。继而采用的办法是操纵货币，比如把一张白鹿皮截成一尺见方，规定它值四十万钱，相当于四个中产之家的全部家产。这项政策当然要靠强硬的手段推行。而且他命令诸侯王朝觐聘享的时候，一定要用皮币当成玉璧的铺垫，这显然是一种强买强卖的行为。这意味着，皇家只要多杀一些上林苑里数量庞大的白鹿，就可以换来他人的巨万家资。

当然，武帝采用的政策还有很多，比如盐铁专卖、算缗钱等等，都是对富人不利的。有了这些国家垄断经济的方针，当然可以实现民不加赋，就像吴王刘濞煮盐铸铜，也“民不加赋而国用饶”。汉武帝一方面打击了豪强，一方面搞到了军费，另一方面百姓还不怎么恨他，可谓一举三得。

但是他搞白鹿皮这事，很多官吏是不开心的，因为这不但是强买强卖，而且违背经济规律，等于滥发货币，后果不堪设想。大司农颜异，相当于现在的财政大臣，当家知道柴米贵，知道这样搞不行，但也没敢妄议什么。然而他依旧被人告发了，罪状是，他有一次和客人说话，客人说这个命令刚下，颇造成了些不方便，颜异竟没有回应，只是嘴唇微微动了一下。张汤马上就上奏武帝，说颜异身为九卿，见法令不合适，不向皇帝劝谏，而是腹诽，应当处死。

颜异因腹诽被处死，就是《春秋》大义中原心定罪的一例。秦律虽然残酷，究竟循名责实，有罪行，做了才算数，哪怕是说了，也可以算是“不敬”，定罪也有依据。可是人家颜异既没有做，也没有说，怎么能定罪呢？张汤的理由是，这个人心坏，心坏就没救了。“原心”就是看你的心是善还是恶。心善，做了坏事，只当是无心之失；心恶，什么也没做，也要处死。

从此之后，“有腹诽之法比，而大臣多苟合取容矣”，风气就坏了。动动嘴唇就处死，谁还敢说话？这种残酷，确实是前无古人。

不过，有一点我们必须清楚，以《春秋》经义断案，消灭人的肉体，固然残酷，但汉武帝的目的并不仅仅在此。秦汉律法残酷，也没有什么人道可讲，一将人投入监狱，就可以屈打成招。皇帝要让你死，他总能找到相关律令，要不怎么说"舞文弄法"呢？当年张汤就是这样，他判案，"即上意所欲罪，予监史深祸者；上意所欲释，予监史轻平者"，也就是说，完全看皇帝的意思，如果是皇帝想加罪的，就派很残酷刻薄的狱吏去断；皇帝想宽恕的，就派仁慈宽厚的狱吏去断。所以秦汉商鞅以来的法家，别说法不责皇帝，就连一般的断案，也有很大弹性。皇帝想杀谁，基本都能做到。但为什么汉武帝还想"缘饰以经义"呢？

这是因为光消灭人的肉体还不行，还得摧残他们的精神。

我们再拿淮南王的案子来说。汉文帝除掉刘长，还比较不安，怕天下百姓说他贪图淮南国土，以致有杀弟的恶名。汉武帝杀掉刘安，就没有任何担心了，至少史书上没有提。按说淮南王是武帝叔父辈的，以前两人关系也挺融洽，他名声也不差，怎么杀他的时候，武帝就一点都不在乎舆论了呢？

因为他有了理论武器。

在判决刘安案件的时候，其他大臣都引用律令，只有胶西王刘端更敏锐，高屋建瓴地引用了《春秋》，说"人臣无将，将而诛"，也就是说，反叛不需要行动，只要起了念头，就该诛杀。何况刘安家里还搜出了所谓的印信，还有人告发，不能说他的谋反只有念头了。杀他，没有任何心理负担。别说旁人，只怕刘安本人，也会觉得自己罪有应得。所以清代学者戴震说过一句沉痛的话：“以法杀人，犹有怜之者；以理杀人，其谁怜之？”意思是，触犯法律被杀，还有人觉得可怜；如果触犯某个观念形态，比如被指为不孝、不忠，就不但死有余辜，还要受万世唾骂。

汉代选拔官吏，开始意识形态优先，元朔元年（前 128）冬十一月，有一份诏书就这么说：

今诏书昭先帝圣绪，令二千石举孝廉，所以化元元，移风易俗也。不举孝，不奉诏，当以不敬论；不察廉，不胜任也，当免。

这份诏书很耐人寻味，意思是，要大家举贤，以便移风易俗。需要两种贤人，一种是孝的，一种是廉的。孝是国家意识形态，必须遵守；廉，则是官吏的个人品质兼职业素养，不属于意识形态。不举孝，就是不奉诏，这是很严重的罪名，“废格明诏”，搞得不好要处死刑；但不察廉，只是不胜任，免职即可。

所以，汉武帝兴儒学，就是要树立他自己的意识形态，为他的杀伐寻找更好的理论依据。

我们可以再举一个例子，李广的孙子李陵，也是这种意识形态的受害者。

李陵家世代为将，擅长骑射。天汉二年（前99），汉武帝又发兵，派遣贰师将军李广利带骑兵三万出征匈奴。战前，汉武帝召见李陵，令他为李广利军监护辎重。李陵不肯，想独当一面。武帝应允，但说国家战马不足。所以李陵承诺，自己可以率步兵出征。

于是李陵率五千名步兵从居延北行军一个月，在浚稽山与且鞮侯单于的三万骑兵遭遇。匈奴军将汉军围在两山之间。汉军以辎重车为营，布阵于营外，前列士兵持戟盾，后列士兵持弓箭。匈奴见汉军人少，便向汉军进攻，结果遭到汉军千弩急射。匈奴兵纷纷应弦而倒，剩下的被迫退走上山。汉军追击，杀数千人。单于大惊，急调左右部八万余骑并击李陵。李陵且战且退，士兵伤重者卧于车上，伤轻者推车，再轻者持兵器搏战。第二日再战，斩首三千余级。又行十余日，到达一个大泽，泽中多芦苇。匈奴顺风放火，汉军亦纵火，预先烧毁周围的芦草以自救。他们退至某山，又遭到单于派兵攻击，李陵与匈奴兵步战于树林中，斩杀数千人，又发连弩射单于，单于逃走。单于见李陵部卒勇锐，久战不下，又渐近汉塞，便想退兵，问部下："这是汉精兵，击之不能下，日夜逗引我南近汉朝边塞，不会有伏兵吧？"诸将说："单于自领数万骑，击汉兵数千人而不能灭，羞煞人了，以后还如何号令部下？汉朝还如何看得起我国？"于是单于再次号令进攻李陵。当时，两军一日战数十次，汉军又伤杀匈奴二千余人。匈奴见形势对己不利，再次想退兵。

但这时汉兵中出了个叛徒，一个叫管敢的下级军官被上司侮辱，愤而投降匈奴，说："李陵军没有援兵，箭也差不多射光了，只有他自己麾下和成安侯韩延年麾下各八百人作为前行，分别打着黄色和白色的旗。如果你老人家派精锐骑兵射击，马上就可以搞定。"

单于大喜，便派骑兵合攻汉军，并大声疾呼："李陵、韩延年快快投降！"汉军在谷中，匈奴在山上，四面对射，矢如雨下。汉军南撤，未至鞮汗山，箭射光了，还有三千多人，以短刀、车辐为武器，退至一座峡谷内，被匈奴阻断后路。单于隐藏在汉军身后，在角落里向汉军投石，汉军多数战死，无法前行。黄昏后，李陵穿着便衣独步出营，很久才回去，长叹说："兵败，完蛋了！"军吏说："将军威震匈奴，只是运气不好，就算现在身陷敌中，将来也有机会逃回去，当年浞野侯赵破奴被匈奴俘虏，后来逃回，天子依然礼遇他，何况将军呢！"李陵说："废话！我不死就不是壮士了。"于是砍断旌旗，将珍宝埋于地中，还慨叹说："如果再有几十支箭，就可以脱身了。可惜可惜，只有天明等死了！你们，赶快做鸟兽散吧。总有几个能逃回国，报告天子。"夜半，李陵与成安侯韩延年率壮士十余人突围，被匈奴数千骑兵追击，韩延年战死，李陵遂降匈奴。

可以说，在这场战争中，李陵对得起汉朝了，要在现代社会，李陵简直算个民族英雄。何况汉武帝失策，没有及时派人援助，所以也自知对不起李陵，起初并没有怎么样。可是后来武帝又派公孙敖去打匈奴，公孙敖无功而还，怕被责备，就胡编说："抓到的俘虏说，李陵教单于练兵来抵挡我军，所以臣无所得。"武帝大怒，将李陵全家杀光。史书上说："陇西士大夫都以李氏为愧。"

这点很重要，陇西士大夫都以姓李为愧。人家李陵没有辜负汉朝，汉朝杀了他全家，姓李的自己倒抬不头来。

最重要的是，就连李陵自己也认同这番理论。史书记载，后来苏武出使西域，被匈奴捕获。单于就叫李陵和另一个降将卫律去劝降，苏武坚决不答应。最后李陵哭着说："嗟夫！陵与卫律之罪上通于天。"这句话，我每次读，都不免废书长叹。汉朝负李陵这么多，李陵当与之不共戴天才对，而反称自己的罪过上通于天，可知这种特定意识形态对人心灵伤害之深，亦可知武帝时意识形态大厦的营建，极为成功。

所以，汉武帝的独尊儒术，并不是想学儒家的"柔仁"，而是想打造一个意识形态，方便他为所欲为，让大家由衷觉得，他杀人杀得对，被杀者全部死有余辜。这样，汉武帝杀起人来就更没有什么心理负担了。

也正因为如此，我们不能不承认，汉武帝时期的儒家礼教充满血腥。

八、“羹颉侯”是一个侮辱性的封号吗？

据《史记》记载，刘邦有兄弟四人，长兄伯，早死。刘邦发迹前，曾经因为躲避追捕，经常和朋友到大嫂家蹭饭。去的次数多了，大嫂就厌烦起来，有一次见刘邦和朋友们又来，大嫂就假装羹饭吃完了，用饭勺刮锅，朋友们以为没有吃的，悻悻地走了。后来刘邦发现锅里其实还有羹，很生气，怀怨在心。他当皇帝后，封遍亲属，却不肯封大伯的儿子刘信。太上皇不得已，特意向他求情。刘邦说：“某非忘封之也，为其母不长者耳。”于是“封其子信为羹颉侯”。

“羹颉”这个特别的名字，最近几年因为“海昏侯”的得名由来问题，经常被附带讨论。这确实是个值得研究的问题。首先，我们看看古书注释。司马贞《史记索隐》：“羹颉，爵号耳，非县邑名，以其栎釜故也。”张守节《正义》：“《括地志》：‘羹颉山在妫州怀戎县东南十五里。’按高祖取其山为侯名号者，怨故也。”《汉书·楚元王传》颜师古注：“颉音戛。言其母戛羹釜也。”

历代注家多认为“羹颉”是贬义词，和刘邦大嫂的刮锅行为有关，只是在这个词为完全新造，还是借用羹颉山这一既有地名方面，略有异议。不过这些说法出现得都比较晚，最直接的证据是荀悦的《汉纪》：

春正月丙午，立刘贾为荆王，王五十三县。高帝兄弟四人，长曰伯，早卒，追号为武哀侯，封子信为刮羹侯。初，上微时，数将客过嫂食，嫂厌。食之，阳为羹尽，刮釜。上闻恶之，故号其子为刮羹侯。

考虑到荀悦的年代远早于司马贞和颜师古，所以这两人“羹颉”就是“刮羹”的看法显然继承自荀悦。对此，从古到今的学者赞同的多，各种注本都是这么注，包括我自己以前也是这样理解。但也不是完全没有反对的声音，比如辛德勇先生认为这个词根本不是贬损的意思（辛德勇：《羹颉侯、东昏家与海昏侯爵号》，《浙江学刊》2017年第2期），并引宋人羹颉侯封地在安徽的看法，主张“羹颉”是一个现成的地名，和羹颉山的“羹颉”只是偶然同名，两者没有关系。当然，他也承认，刘邦虽然没有创造一个“羹颉”的名号，倒也确有可能顺便借“羹颉”这个地名，对大嫂表达一定的怨恨。但后来他由此推言海昏侯刘贺的“海昏”这个名称，没有贬损的含义，逻辑就有问题了，为什么汉宣帝不可以借用一个现成的“海昏”地名，对刘贺表示贬损态度呢？

而且“羹颉”封地在安徽舒城一带的说法，也不是没有疑问。首先，所谓刘信封地在安徽舒城一带，不见于任何原始史料，宋代的记载也太晚了一些。又舒城在刘信初封时，还是淮南王英布的地盘，而汉代侯国封地一般不会在异姓诸侯王境内。此外，刘邦一定要借用这个地名表示怨恨，还有一个问题无法解决。就是刘信获封在高祖七年（前200），高后元年（前187）才削爵，高祖十一年（前196）英布起兵反汉，为什么没有诛杀刘信？这很不合常理。从这个情况看，刘信封在舒城的说法还是值得怀疑的。

综上所述，学者们不管是否相信“羹颉”是地名，都认为这个词多少包含贬义，只是有轻重之别。认为这个名称是刘邦创造的学者，相信是故意的贬损；认为是借用地名的学者，也承认它带有一定的贬意。

那么，有一个问题就必须解决：“羹颉”这个词真的包含贬义吗？真的应当解释为刮锅吗？辛德勇先生在上面提到的文章中有些很好的分析，现在结合他的看法和我自己的认识，概括如下：

首先，把“羹颉”解释为“刮锅”，且把“颉”理解为“刮”，语序不对。正确的语序应该为“颉羹”，因为汉语一般是动词在前，宾语在后。如果刘邦要特意创造一个贬损名词，这个名词应该是“颉羹”，而不是“羹颉”。

其次，把“颉”理解为“刮”，在训诂上没有依据。古书上“颉”没有“刮”的意思。大约也正因为此，颜师古才把“颉”读为“戛”。“戛”在古代有“刮平”的意思，但实际上是当成“概”通假字来用的。“概”是古代量谷物时用来刮平斗斛的工具，和“刮”的“挖掘”义还不大一样。

所以，即使把“颉”训为“戛”，和“刮”的意思也不能密合。

再其次，就算“羹颉”可以倒写为“戛羹”，意思等同“刮羹”，依旧和正文记载矛盾。正文说刘邦的大嫂“栎釜”，而没有说“栎羹”，实际上当时大嫂假装锅里没有羹，又怎么能“栎羹”呢？而且羹是软的，是调味熬煮、用米或面调和而成的浓汤或薄糊状的食物，属于半流质，根本刮不出声音，如何能让刘邦的朋友知趣而退呢？退一万步说，就算不考虑前面所说语言上的疑点，承认刘邦要报怨，也应该封刘伯的儿子为“栎釜侯”才对，那不是更直截了当吗？

最后，刘邦虽然对大嫂心有芥蒂，但也不会是那么小气的人，他说“某非敢忘之也”，说明对于封刘伯的儿子为侯之事，他从来没忘，只是故意延迟，大概想让大嫂亲自求自己罢了。不能想象等到老爸开口，他反而给侄子“刮锅侯”这样的丑称。刘邦连一向讨厌的雍齿都封了侯，说明他还是有一定胸怀的，不大可能执意羞辱自己的亲侄子，那是会让天下人笑话的。古代帝王凡是稍微聪明点的，都不愿给百姓一个这样的形象。刘邦曾经赦免了楚将季布，就是因为夏侯婴向他传达了大侠朱家的进言：“何示天下之不广也！”后来的汉文帝杀了淮南王刘长，因为怕天下说闲话，还特意封刘长的五个儿子为王。

综上所述，“羹颉侯”可能根本和“刮羹”无关，历代学者的解释都是错误的，那么，它到底是什么意思呢？

我认为，“羹颉”只是记音词，从声类求之，应该读为“梗颉”“亢颉”或者“刚颉”，是一个并列式合成词，意思是“刚直”“耿介”。“羹”“梗”“亢”和“刚”古音很近，都是见母阳部字，和“梗”有直接通假的例子。《左传·昭公十一年》：“楚子城陈、蔡、不羹。”陆德明《释文》：“羹音良，《汉书·地理志》作‘更’字。”“梗”从“更”声，古音无疑相近，而“更”声字多有“刚猛”“刚直”一类意思，比如：

梗：《方言·卷二》：“梗，猛也。韩赵之间曰梗。”《广雅·释诂四》：“梗，强也。”王念孙疏证：“梗之言刚也。”《楚辞·九章·橘颂》：“淑离不淫，梗其有理兮。”王逸注：“梗，强也。言己虽设与橘离别，犹善持己行，梗然坚强，终不淫惑而失义也。”《尔雅·释诂》：“梗，直也。”

鲠：《说文》：“鱼骨也。”《韩非子·难言》：“敦厚恭祗，鲠固慎完，则见以为拙而不伦。”也是“刚直”的意思。

骾：《说文》：“食骨留咽中也。”《汉书·杜周传》：“王氏世权日久，朝无骨骾之臣。”其实和“鲠”是同源词。

哽：《说文》：“语为舌所介也。”和上面两字也都是同源词，都表示刚硬导致堵塞的意思。“耿介”的“耿”，大概也是“梗”“鲠”“骾”的同源词。《广韵·耿韵》：“耿，耿介。”就是指刚直。

“更”声字和“亢”声字古代常通用，《说文》：“埂，秦谓坑为埂。”“绠”的异体为“𬘫”，《汉书·枚乘传》所附《上书谏吴王》：“泰山之溜穿石，单极之𬘫断干。”颜师古注引晋灼曰：“𬘫，古绠字也。”《文选》卷三十九枚乘《上书谏吴王》旧校：“五臣本作绠。”。古书上“亢”声字作“刚直”一类意思的例子更是不可胜数。《广雅·释诂四》：“亢，强也。”《集韵·唐韵》：“伉，刚直貌。”其实“亢”“刚”“强”古音都很近，都有“刚直”“高傲”一类意思，都是同源词。

“亢”声与“冈”声也音近可通。《周礼·夏官·马质》“纲恶马”郑玄注：“郑司农云：纲读为‘以亢其雠’之亢。书亦或为亢。”《说文》十一下鱼部“魧”字“读若冈”。《释名·释山》：“山脊曰冈。冈，亢也，在上之言也。”例子数不胜数，从“冈”声的字也多有“刚直”义，典型的就是“刚”字。

“亢”声和“庚”声也能通假，《史记·老子韩非列传》：“亢桑子之属。”《索隐》：“亢音庚。亢桑子，王劭本作‘庚桑’。”《释名·释天》：“坚强貌也。”

类似例子还很多，数不胜数。所以，“羹颉”不但可以读为“梗颉”，也可以读为“刚颉”“亢颉”“强颉”。而“颉”字也有“刚强”的意思，《说文》：“颉，直项也。”就是指脖子硬而直。其实从“吉”声的字，很多都有“刚硬”“刚直”的意思，比如《说文》：“桔，桔梗……一曰直木。”“直木”也是“刚直”的，所以“桔槔”这个东西，就是以直得名（槔也有直义）。值得注意的是，“桔梗”如果倒为“梗桔”，就和“羹颉”古音相近。桔梗这种植物，资料说“茎高20～120厘米，通常无毛，偶密被短毛，不分枝，极少上部分枝”。草本植物有这么长的茎，且不分叉，一定非常直，并因此得名。从“吉”声的字，意思为“刚直”的也非常多。比如“劼”，《尔雅·释诂上》：“颉，固也。”就是刚硬。“结”，《说文·糸部》：“结，缔也。”就是打的硬结。“秸”，是农作物脱粒后留下的茎秆，自然是又直又硬的。总之，它们都和“硬”和“刚直”的意思有关。

综上所述，刘邦将大嫂的儿子封为“羹颉侯”，大概因为这位大嫂不但以前对自己不礼貌，现在自己成了皇帝，她也不肯亲自来求自己，显然性格刚直。东汉时，董宣为洛阳令。光武帝姐姐湖阳公主的奴仆杀人，被董宣截杀。湖阳公主进宫告状。光武帝召董宣，命令他低头给湖阳公主谢罪，董宣执意不肯低下脖子，光武帝也就作罢，反而赐董宣钱三十万，称之为“强项令”。所谓“强”就是“刚直”，“强项”就是“颉”，联系到“强颉”和“羹颉”古音近，就更可以说明其含义了。

由于目前材料有限，我们不知道当时给刘信封侯的官方文件，是不是直接写“羹颉”两个字，考虑到西汉前期常用大量的通假字，将同音的“羹”字当作“强”“亢”“刚”

等字来用毫不奇怪。就算可以证明刘邦舍弃直截了当的“梗”“刚”“亢”等字不用，偏用“羹”字，我们前面说了，从汉语语法上，也不足以得出“羹颉”就是“刮锅”的结论。我们也只能猜测，刘邦用这个“羹”字，或许是因为联想到了羹颉山，借用一下，略带戏谑的意味，算是给自己一个台阶。但词语本身还是中性甚至褒义的，是说他大嫂为人“刚颉”，因为汉字不管如何表意，更重要的还是记音功能，大家一听到“刚颉”这个读音，就能马上懂得，这是“刚直”“刚强”一类意思，而不会朝“刮羹”那个方向想。就像汉代有个地名“柏人”，刘邦一听到，就很忌讳，说：“柏人，迫于人也。”临时取消了在那里过夜的计划，也正好因此躲过了一场暗杀。因为“柏”和“迫”在当时音近，他一听就觉得不吉利，至于这个词是写成“柏人”还是“迫人”，是无关紧要的。在出土的西汉武帝前后抄写的竹简《赵正书》中，这个地名又写作“白人”，可知在当时，很多字还书无定字。即使有证据表明在刘信受封之初这个词就写成“羹颉”，也很难说它一定跟“刮锅”有什么关系，因为汉语语法不容许这样表达。汉字的表意作用是有限的，就像我们现在看到“马克思”，绝不会想到跟马那种动物有什么关系。当然，应该承认，“刚直”一类意思，在古代也不完全正面，往往隐含“固执”等贬义。比如《说文》：“婞，很也。……《楚词》曰：‘鲧婞直。’”“婞”就略含贬义，毕竟过于刚直，从另一个角度看，就是固执。“刚愎自用”的“刚”，也是如此。但要说“羹颉”完全是贬义，是绝对不可信的。

而且羹颉山的存在，更足以证明“羹颉”两字和“刮羹”无关，因为一座山取名“刮羹”，未免有些滑稽。这个山名大概是形容山的特征的。王念孙在《春秋名字解诂下》中解释叶公诸梁名字之间的关系说：“诸梁，盖都梁也。……《水经注》：‘资水出零陵都梁县路山。’郦道元注云：‘都梁县……县西有小山，山上有渟水，其中悉生兰草，俗谓兰为都梁，山因以为号，县受名焉。’按梁者，横亘之称，故山多以梁为名……”按王念孙说“梁”为“横亘之称”，颇具卓识，不过还不全面，古代“梁”一类的词，多同时具有“高”义。因为相对来说，桥梁、屋梁、山梁都是很高的。《尔雅·释山》：“山脊，冈。”《释名·释山》：“山脊曰冈。冈，亢也，在上之言也。”“冈”和“梁”义相通，古音也同部，“羹颉山”很可能和“梁山”一样，得名于山脊高而横亘。古代“高”和“刚硬”的意思相通，比如“亢”声字多有“刚硬”义，但也有“高”义。桂馥的《札朴》里有一条谈到“亢阆”这个词：

《说文》：“阆，门高也。”《新附》“闶”字云：“闶阆，高门也。”《甘泉赋》：“闶阆阆其寥廓兮。”《魏书·明元六王传》：“高允曰：‘《易》称亢龙有悔，穷高曰亢。’”

《诗·绵》，《释文》云："伉本又作亢。"《韩诗》作"闶"。《周礼·阍人疏》引《诗》作"亢"。《文选·西京赋》："高门有闶。"李善注云："《毛诗》：'皋门有伉。'与'闶'同。"

按，《说文》："伉，阆也。""闶""伉"当为"阬"。

前面我们引到的《左传》里的"羹"，陆德明《释文》说音"郎"，也许不是没有根据的。"郎"从"良"声，结合上面"闶""阆"两字连用，意思相同的例子，说明"羹""闶""阆"在表示"刚直""高大"的意思上，都是同源词。古代有一种叫"吉良"的马，正好可以看成"羹颉"的倒文，大概也是指这种马"勇壮坚实"的。清代胡绍煐《文选笺证》："《山海经》曰：'大封国有文马，缟身朱鬣，名曰吉良，乘之寿千岁。'"《说文·马部》："骄，马高六尺为骄。"《诗经·卫风·硕人》："四牡有骄。"毛传："骄，壮貌。"可见在古人看来，马高为壮。《周礼·考工记·函人》："视其里而易，则材更也。"郑玄注引郑司农曰："更，善也。"但"更"为什么有"善"义呢？自来无解。俞樾《群经评议》："更之为善，犹易之为善也。……变谓之更，亦谓之易；善谓之易，亦谓之更。正古训之辗转相通。"但是，字书上"易"并没有"善"义，俞樾的说法不可信。其实这里的"更"很可能就读为"良"（古书上说的"三老五更"的"更"，自来无解，有可能就是“良”的意思），至少是“良”的同源词。《说文》：“良，善也。”正以“良”和“善”互训。这或许说明，“羹”也可以读为“良”，“羹颉”可以读为“良吉”，也同样应有“刚直”的意思，但没有读为“梗颉”或者“刚颉”“亢颉”那么直接。“吉”和“良”古代都有“好”的意思，“吉，善也”，应该都是从“坚刚”的意思引申而来的，因为古人认为好的东西，都应该是坚固耐用的。金文中常见的“吉金”，有时写成“良金”［写成“良金”的，目前为止，有三件铜器：春秋早期的徐王鼎（《殷周金文集成》02675）、春秋早期的嚣仲之子伯剌戈（《殷周金文集成》11400）、春秋晚期的翏金戈（《殷周金文集成》11262）］，可以为证。

“羹颉”这个词，其实还有很多变体，比如“慷慨”，就和“刚颉”音义皆近，常用来表示刚直不阿的气概。《后汉书·梁慬传》：“慬有勇气，常慷慨好功名。”又音转为“梗概”，意思也相近。刘勰《文心雕龙·时序》上说：“良由世积乱离，风衰俗怨，并志深而笔长，故梗概而多气也。”把“梗概”和“多气”联系起来，可见其刚直之义。或写成“沆瀣”，《史记·司马相如列传》：“澎濞沆瀣。”司马贞《索隐》：“滂濞沆溉。溉，亦作瀣。”《说文》：“瀣，沆瀣，气也。”“气”的词源义就是“刚猛”。总之，不管这个词怎么变化，其词源义是一致的，都是“刚直”。

顺便提一下，《邵钟》：“余颉䣧事君。”裘锡圭先生把“颉䣧”读为“诘诎”，解释为“曲意奉事”。我以前也相信这个看法，但现在觉得意思可能正好相反。“颉黜”两个字，可以读为“颉屈”，而“屈”也有“刚强”义。《史记·匈奴列传》：“杨信为人刚直屈强。”“屈”和“强”连用为并列式合成词，现在一般写作“倔强”。所以，我认为“颉”的意思应该是“刚直”，铭文的作者说自己“颉黜”事君，是指自己以直道事君。这样说，才符合古代的道德规范；如果说自己“曲意奉事”，反而像佞臣了，恐怕不好意思拿来自我标榜。

另外，据说造字圣人仓颉有个别名叫“侯冈颉”，可见“刚（冈）颉”两字连用，在古代是很正常的。或许哪天突然出土了新的先秦、秦汉文字资料，写到“侯冈颉”这个人时，字形是“侯羹颉”，也未可知。

九、我读《报任安书》

（一）

大约在汉武帝征和三年（前91）冬季的某一天，司马迁给他的好友任安写了一封长长的回信。因为之前他收到过任安一封信，信中责备他尸位素餐，没有向朝廷多举荐贤人，辜负了武帝的厚遇。当时，他没有回信。过了很久，也许是几年，此刻的任安正关在死囚房里，很快就要推上刑场腰斩了，他这才发出了这封姗姗去迟的书信，到底是为什么呢？

任安字少卿，荥阳人，小时家境贫苦，后来做了大将军卫青的门客。武帝下诏要求卫青举荐门客为郎官，卫青就推荐了任安。后来他官运不错，当过益州刺史、护北军使者，都是大官。

在司马迁写这封信的前一年，也就是征和二年（前92），年老的武帝身体不适，疑心有人诅咒自己，派宠臣江充搜捕诅咒者。而江充曾经和武帝太子刘据有仇，担心武帝死后，自己被诛，于是借机诬陷太子行巫蛊之术，诅咒武帝早死。太子不得已，矫诏发兵诛杀了江充，又与丞相刘屈氂军大战于长安，但兵力究竟不够，只好去找护北君使者任安帮忙。任安当然不能不首鼠两端。一则这是皇帝父子间的误会，在得到皇帝的明确诏书之前，他很难做出决断，只能虚与委蛇；二则鉴于以往历史，父子相争，未知鹿死谁手，很难押宝。只是任安不巧，被抛到了不得不押宝的被动境地。最后他接受了太子的命令，但实际按兵未动。

不幸的是，太子很快被镇压。残暴的武帝认为任安想两边下注，不忠，下令将他逮捕。按照当时的法律，他的下场自然是被判处腰斩，关在死囚牢中，等候冬季的处决。

上述写作背景，也有人不同意，我们这里选了最通行的一种说法。但不管如何，不影响我们所谈话题的主旨。

（二）

此番任安将被处死，司马迁才写了这么一封回信，但信中对任安毫无安慰，只是一味抒发自己的痛苦和愤懑。我个人认为，在当时的政治局势下，司马迁之所以会突然补上这封信，有点放飞自己的意思。信中虽然貌似只诉说了自己的心情，其实隐含对任安的怨恨和鄙薄。

为什么会对任安产生怨恨和鄙薄之情呢？当然因为那个时代，司马迁的境界已经远远超越了一般人。他站在精神的屋脊上，俯瞰庭院内的芸芸蠢货。任安，就是庭院内的芸芸蠢货之一。

任安写信给司马迁的时候，司马迁已经被阉割，这点大家都知道。他被阉割的原因，也众人皆知。但对他被阉割后，所遭受的巨大精神创伤，恐怕没有多少人，能有很深的理解。因为这需要自己的性格里，有一些高尚的东西，再加上一定的理性。很遗憾，这两者，任安都比较缺乏。

曾经的司马迁，和任安一样，是个如假包换的蠢货。在这封回信中，司马迁也提到，他刚刚步入仕途的时候，把汉武帝看得像天神一样辉煌、一样伟岸，决心竭智尽力，为其服务，鞠躬尽瘁，死而后已。那份发自心底的崇拜，和纳粹时期的德国人崇拜希特勒相比，也毫不逊色。他用了一句俗语“戴盆何以望天”，表达这份崇敬之情。在后来的漫长岁月中，他可能有一点怀疑，尤其在目睹汉武帝任人唯亲，不遗余力哄抬自己裙带家族的卫青、霍去病之流身价，残酷杀戮严助、朱买臣、主父偃等才士，疯狂盘剥百姓，导致天下人口减半之后，但他应该依旧会为武帝辩解："这是没有办法呀，为了国家的未来，总有人要做出牺牲。"只有当他自己仅仅因为给李陵说了一句公道话，就遭受宫刑之后，他才终于醒悟："哦，原来这皇帝一早就是个人渣！他根本不是什么天神，他恐怕比人渣还不如。"往事一幕幕涌上心头，难以谢幕。一切的一切，都让他豁然开朗，好像云雾顿开。

但他学乖了，从此隐忍不言。接到任安的书信时，他肯定既愤怒又不屑：这些家伙，又虚伪又猜忍又愚蠢。当年李陵被迫投降时，正是这帮人在落井下石；自己被判了死刑，无钱赎罪时，没有一个人伸手相助，导致不得不向皇帝请求以宫刑换命……

之前，司马迁肯定从来没想过，要回任安这封信，但目睹任安的遭遇，他突然想：唉，你也有今天！

你有今天，不是因为你坏，而是你不幸。在这个神经病的人渣皇帝手下，无论发生什么，都不奇怪。能苟活下来，不过是运气好罢了。

只有在这个时候，司马迁才觉得，自己有必要给任安写一封回信。换了在平时，给蠢货回信也是白搭，因为对方不可能读懂。

这封信，就适合在牢房里读，而且，一定要是死牢。

（三）

即便如此，这封信依旧写得很隐晦。司马迁一再声明，自己之所以不愿意给朝廷推荐人才，是因为受过宫刑，地位卑微，已经德不配位，强行举荐，反而会对人才的晋升造成负面影响。

其实他是想说，汉武帝这个渣滓，根本就不配得到人才。在以往的漫长岁月中，被他杀掉的人才车载斗量，这点，汲黯曾经当面指出。每次见了新才士，人渣都很兴奋："您们之前都藏在哪啊，为什么我们相见这么晚呀？"但一不快意，就下狱处死，还说："不能好好给我使用，才华再多有何意义？留着也是浪费粮食。"

但这些话，司马迁不能依旧直说啊！

司马迁能活下来，其实是个奇迹，在他之前，没有哪个文人能在政治之外，求取自己的人生价值。你看屈原，被认为是中国历史上第一位浪漫主义诗人，他开创的以香草美人隐喻政治的诗歌传统，一直影响着后世文人。他诗歌中清冷幽峭的意象、委曲哀婉的情思，也对中国古典文学产生过极大的影响。他以一人之力，把楚地的诗歌文学形式"楚辞"，提升到了和《诗经》双峰并峙的文化地位，在文学上获得的不朽声名，使后人觉得他的对手楚怀王、上官大夫、令尹子兰、楚顷襄王，都如粪土一般。

是的，屈原本人并没有发现自己的价值，最后走上了绝望自杀的道路。如果司马迁早生几百年，他也会像屈原那样，干脆领受死刑，不再屈辱地活在世上。

但司马迁在自己青年时代的游历中开阔了眼界，发现了另外一个立下不朽声名的方式，那就是写书。虽然在《左传》中，就有立德、立言、立功为三不朽的说法，但在先秦，除了贵族，谁又有这样的条件呢？

青年时代的司马迁，到过孔子旧里，所观察到的一些现象让他非常震惊。孔子死后，葬在鲁国曲阜城北的泗水边上，弟子们都为他服三年之丧，像对待自己的父母那样，只是不穿丧服。三年之后，大家嚎啕痛哭，诀别而去，各自寻找自己的生活。后来弟子们和鲁国民众都纷纷在孔子墓边建造房子，总共有一百多家，形成了一个里居，命名为“孔里”。鲁人世世代代每年定期在孔子墓前拜祭，很多儒生都在墓前演练乡饮酒礼、大射礼等。孔子的墓地广约一顷，他的故居以及弟子们所居的屋子，后来都被改成祭庙，收藏着他的衣冠、琴、车、书，一直延续到汉，历二三百年。

司马迁在鲁国参观过孔子的庙堂，亲眼目睹了其中展览的礼器，也看过儒生们在庙堂前演习礼仪，深受触动。一个人的思想、德行和人格，竟然会产生如此巨大的影响，让他震惊不已。他流连忘返，不忍离开。可见，主宰人类社会的，永远是思想、道德和人格，而不是刀兵。刀兵只能见一时之效，只有思想深邃、道德高隆、人格伟岸者，才能让人心悦诚服。这清晰的事实，深刻影响了青年司马迁的心灵。是的，“古之富贵而名磨灭者，不可胜数”，只有道德文章，可以永存。

也正因为有这种信念，他才会在宫刑的屈辱下隐忍苟活。他要用一支笔，让自己留芳万世；用一摞书稿，压倒巍峨的茂陵。他确实也做到了。作为文学家的司马迁永远不朽，而他的对手汉武帝，虽然开疆拓土，建立了所谓不世功勋，却都是虚幻的。人类的幸福，不取决于所处国的疆土大小，而在于其文明程度。古代许多疆土辽阔的国家，因为没有足够的文明水平，而成了民众的牢笼；许多土地瘠薄狭窄的国家，因为有了文明，成了民众趋之若鹜的乐土。

（四）

这篇《报任安书》，文辞沉郁，情感凝重，信息密集，几乎字字珠玑，没有一般文人爱好夸饰之病，倘若和李斯的《谏逐客书》相较，就能发现后者华丽轻浮、废话连篇。这封书信的创作年代，现在还有争论，但写信回信的双方，一个死刑在即，魂魄将散，一个尝经重刑，忍辱苟活，是可以确知的事实。从司马迁书信的字里行间，我们可以感受到一股浓厚的阴郁，仿佛一座夕阳下的山间古堡，充满阴森的死气。通信双方都是那个时代不可多得的人才，又未曾伤天害理，只因一念之差，就大祸缠身，可知武帝的凶残邪恶。这种阴森恐怖的感觉，品读越久，体会越深。

这封书信，任安能完全读懂吗？我们不知道。但他至少应该明白，为什么这个时候，才收到司马迁的回信。

知·趣丛书

名士派：世说新语的世界　　徐大军　著

从“山贼”到“水寇”：水浒传的前世今生　　侯　会　著

梦断灵山：妙语读西游　　苗怀明　著

探骊：从写情回目解味红楼梦　　刘上生　著

所思不远：清代诗词家生平品述　　李让眉　著

梨园识小录　　陈义敏　著

志怪于常：山海经博物漫笔　　刘朝飞　著

儒林外史人物论　　陈美林　著

沈周六记　　汤志波　秦晓磊　主编

史记八讲　　史杰鹏　著

敦煌的民俗与文化　　谭蝉雪　著　李芬林　编

拾画记　　任淡如　著

神魔国探奇　　刘逸生　著

明人范：生活的艺术　　袁灿兴　著

寻幽殊未歇：从古典诗文到现代学人　　杨　焄　著